ウィリアム・ハーヴィ

血液はからだを循環する

WILLIAM HARVEY

オーウェン・ギンガリッチ 編集代表
ジョール・シャケルフォード 著　梨本 治男 訳

OXFORD
PORTRAITS
in
SCIENCE
オックスフォード
科学の肖像

大月書店

もくじ

装丁　林修三（リムラムデザイン）

WILLIAM

オックスフォード　科学の肖像

ウィリアム・ハーヴィー——血液はからだを循環する

巻頭図版：ウィリアム・ハーヴィの銅版画。
ヴィルヘルム・フォン・ベメル画、ヤーコプ・ホーブラーケン彫刻、1739年刊。

はじめに

あなたは世界でも指折りの大学の学生で、立派な医学博士になるための学問をはじめようとしている。いまは西暦一六〇〇年、ここは北部イタリアだ。今年の二月、神と宇宙について容認しがたい思想をふれまわった異端者として、ジョルダーノ・ブルーノがローマの花の広場《カンポ・デ・フィオリ》で公衆の面前で火刑に処された。そのことはあなたも耳にしたかもしれない。あなたはそれをよしとはしないが、ブルーノの処刑が、新たな宗教的思想のひろがりに怯《おび》え、ヨーロッパ世界の秩序の崩壊を恐れるカトリックの権威者たちの反動的行為のひとつだったことを理解している。

　マルチン・ルターが教会への不満をかかげプロテスタントの反乱を開始してから、もう八〇年以上になる。いまでは、ルター派、カルヴァン派、再洗礼派、メノ派などの宗派が数知れず乱立し、ローマ教皇とカトリック教会に反旗をひるがえしている。それぞれにわが宗派こそ真実と信じ、宗派どうしのあいだでも争っている。中央ヨーロッパでは、忠誠心の揺らぎから政治が不安定になり、いよいよ動乱が勃発《ぼっぱつ》しそうだ。フランスのサン＝バルテルミの虐殺《ぎゃくさつ》から、まだせいぜい二、三十年だ。あの狂気の日、多数派のカトリックは多くのプロテスタントを抹殺しようとした。だが結局、とくに南部では、多くのプロテスタントが生きのこった。あのときプロテスタントを率いたリーダーが、じきにフランス国王になる。今度は何が起きるだろう？

あなたの故郷イングランドでは、プロテスタントの女王、エリザベスが年老いている。彼女は未婚で、子もない。あとを継ぐのは誰だろう？　誰かカトリック教徒が王位に就き、エリザベスの姉、メアリー女王の宗教弾圧を復活させるのだろうか？　イングランドの王位継承権第一位はスコットランド王ジェームズ六世だ。ジェームズ自身はカルヴァン派だが、敬虔《けいけん》なカトリックだった彼の母は、従姉《いとこ》のエリザベスによって処刑されていた。イングランド王になったら、彼はどうするだろう？　そのうえ、こちこちのルター派のデンマーク王女と先ごろ結婚し、事態はますますややこしくなった。

時代の先行きは暗澹《あんたん》としている。けれど、まずは目の前のことに集中しなければならない。落第しないよう、演習討議の場で恥をさらさないよう、学問に打ちこむことに。正式な演習討議に参加すると、選ばれたテーマについて議論し、そのなかでしっかり考えぬいた意見を述べ、それを擁護《ようご》しなければならない。テーマには、さまざまな教科書で議論の対象になっているトピックが選ばれることが多い。演習討議はへとへとに疲れるが、頭の回転を速くし、弁論技術をみがくにはもってこいだ。今夜は、もう一度、あらゆる医学理論と医療行為を支えるヒト生理学の基礎——人体の仕組み——に話をしぼって考えてみよう。

人が食べたものは、胃のなかで調理に喩《たと》えられる過程を経て分解される。消化された食物は、腸に送られ、そこで老廃物をとりのぞかれ、肝臓へ送られる。肝臓はそれをさらに精製して、血液をつくる。そうして栄養に富んだ血液が肝臓から静脈をとおって全身に送られる。人体の各部は、おのおの成長と生存のために血液を吸い寄せている。血液の一部は大静脈をとおって心臓の右側にはいり、分厚い組織壁をとおり抜けて左側に移動する。そこで、肺から心臓に送られてきた活力を生みだす空気のような物質が血液に混ぜこまれる。その血液が動脈をとおって全身に送られ、身体に熱と、活力と、生命力を与える。ここまではまったく問題ない。

そもそも、静脈と動脈が物理的にちがうことは、古代ギリシャ人が二〇〇〇年も昔に気がついていたことだ。動脈のほうが静脈より丈夫で、組織の層がいろいろかさなってできている。動脈は脈を打ち、脈拍は人の健康状態とかかわりがある。脈を調べて病気を診断する方法について書いた文献なら、掃《は》いて捨てるほどある。構造がこのようにちがうなら、静脈と動脈は働きもちがうと考えるのがいちばん自然だ。静脈には栄養が流れ、潮の満ち干のようにゆるやかに全身に行きわたらせる。動脈の動きは活発で、なかに流れる生命力で脈打ち、全身をあたためる。これも問題ない……以上、一六〇〇年の話。

現代の見方はそれとはちがう。血液は体内を循環し、体温と活動するエネルギーを生みだすのに必要な栄養と酸素を全身に絶えず送りつづける一方で、身体中の無数の細胞でおこなわれる化学反応の老廃物を回収している。今日の私たちが健康や病気、治癒について考えるとき、血液は大きな役割をはたしている。医者は、運動して心臓を丈夫にし、血行をよくしましょうと言う。病気になれば、採血をして病気の正体をつきとめることもよくある。治療薬の投与に注射を使うのもめずらしくなく、症状が重ければ点滴もする(静脈に直接入れる)。腎臓病では、人工透析をして血液から不純物をとりのぞく。私たちは人体の仕組みを理解し、いろいろな治療手段を使っているが、それらはすべて、心臓がポンプの役割をして血液を全身に送り、心臓を出た血液が動脈を流れ、そこから体組織中の毛細血管にはいり、そこからさらに静脈にはいって心臓に戻るという知識に根ざしたものだ。その過程で、血液は肺にめぐり、たまった二酸化炭素をそこでとりのぞかれ、新鮮な酸素を受けとって、あざやかな赤色に戻る。こんな話を一六〇〇年の医学生にしても、ぽかんとしているばかりだっただろう。いったい何が変わったのだろう？　その変化はいつ起きたのだろう？　それまでの人体の理論が誤りだと人びとが認めるまでに、どれくらいかかったのだろう？

血液が全身を循環するという考えを世に広めた最大の功労者が、ウィリアム・ハーヴィである。一六〇〇年にはハーヴィも一医学生にすぎず、旧来のヒト生理学理論を学び、それと強く結びついた科学理論や治療法を身につけた。だが、一六一六年から一六二八年のあいだのあるとき、旧理論は誤りだと確信するようになった。そして、心臓の働きは血液を循環させることだという事実をみずからと世界に対して立証する作業にとり組みはじめた。現在では、ハーヴィは、新しい科学的証拠の考え方と新しい科学的手法を生みだした革命家と呼ばれている。ただし、彼の革命は、伝統を打ち壊すのではなく、古代ギリシャ人の手法もとり入れながら研究をすすめることによっておこなわれた。ハーヴィは、学校で教わったとおりの、他の哲学者や医者たちと何ら変わりのない手法で自説を組み立てた。にもかかわらず、彼の手法にはほかにない何かがあった。

新しい科学的概念が現われたとき、科学者がそれを受けいれるかどうかは、それを理解できるかどうかということのほかに、その人の社会的、宗教的、政治的信条にも左右される。それはハーヴィのころもそうだったし、いまでもそうである。しかし、ハーヴィは、ある研究法と結果提示法を選ぶことで、多様な哲学的、宗教的背景をもつ人びとが自由に科学を議論することができるようにして、「自然哲学」(いまの言葉では「科学」)に説得力をもたせることに成功した。

その革命の外側では、ヨーロッパの知的世界の構造を一変させる、さらに大きな科学的変革が起こっていた。歴史家が科学革命と名づけたその大きな変化は、無から生じたものではなく、ハーヴィの時代の人びとが生きた歴史によってかたちづくられたものだった。ハーヴィが医学について思いをめぐらし実験によって科学的論証を試みた足跡をたどると、医学と生物学の分野でこの革命がはじまったころの様子が浮かびあがってくる。現代の私たちが使っている科学手法のほとんどは、ハーヴィの時代に考案されたものを下じきにしたものだから、当時何がおこなわれていたのかを探れば、現代科学のルーツが見える。

第一章　シェイクスピアの時代、イングランドの青年医師

ウィリアム・ハーヴィは、ドーヴァーにほど近い英仏海峡に臨《のぞ》む小さな漁村フォークストンに生まれた。ローマ時代までさかのぼる歴史ある町である。地理的な理由から、まともな取引から違法な密輸入まで、交易のさかんな町だった。ウィリアムの父トマス・ハーヴィは、一六世紀末に大陸のヨーロッパ諸国との貿易がさかんになった機をとらえ、商人として成功した。一五八六年にフォークストンの長老議員になり、一六〇〇年にはその長になっている。一五七七年にジョーン・ホークと結婚し、九人の子をもうけた。その最初に生まれた子がウィリアムである。一五七八年、四月最初の日のことだった。

ウィリアムが最初にかよった学校はフォークストンのジョンソンズ・スクールだった。その後、一五八八年にカンタベリーのキングス・グラマー・スクールにすすんだ。そこでラテン語の読み書きを身につけ、古典ラテン語で流暢《りゅうちょう》に弁論もこなせるようになった。当時のヨーロッパはどこもラテン語を宮廷や大学の共通言語にしていたため、高度な学問をするためにはラテ

ン語は欠かすことができなかった。弁論では、ある命題を皆の前で定説にのっとって主張する。学究生活では変わらず見られる手法だが、こうしてみがきあげた高度な雄弁術が、生涯にわたってハーヴィの講義と著作を特徴づけていくことになる。

カンタベリーと言えば、イングランドの歴史を語るうえで欠かせない町である。伝説によると、その大聖堂は、伝道師アウグスティヌスが五九八年にキリスト教をブリテン島に伝えてまもなく設立されたものだという。中世の行政区分では、学校は、大陸のいずれかの大聖堂の所属とされていた。そうした付属学校がイングランドで初めて設けられたのが、司教座の置かれたカンタベリー大聖堂だった。トマス・ハーヴィが息子をカンタベリーのキングス・スクールに入学させたのは、地域でもっとも資金がありもっとも由緒《ゆいしょ》正しい学校のひとつに息子を入れたということになる。

一六世紀後半には、ハーヴィ一家もふくむ成長いちじるしい中流階級を筆頭にグラマー・スクールにかよう子どもの数が増えたが、それでも教育がひとつの特権であることに変わりはなかった。一六〇〇年の時点で、英語の読み書きができる成人男性は三人にひとり程度で、ラテン語となるとさらに少なかった。貴族階級ではたいてい、息子――まれに娘――に家庭教師をつけた。ハーヴィの階級、つまり商人や職人の息子たちの場合は、ローカル・スクールやグラマー・スクールにかよい、その後、それぞれ見習いの道にはいるのがふつうだった。中流階級

1860年のイングランド、ケント州フォークストンに近いイースト・ウィア湾。ハーヴィもこんな海岸の風景のなかで幼少時代をすごしたのだろう。

でも、女子となると教育の機会はぐっと減り、独習用の教科書を使って自宅で学ぶことが多かった。

カンタベリーのキングス・スクールは、特別優秀と認められれば貧しい子どもも、教会が学費を負担して学ばせていた。一方で裕福な子どもたちも受けいれていた。教会の援助で学んでいた生徒の名簿のなかにウィリアムの名がないところを見ると、彼の場合は父親が学費を払い、毎日の生活はカンタベリーに住む伯父の家で送っていたようだ。トマス・ハーヴィがこのエリート校に長男を入学させた目的は、家業の商売や交易より大学で教育を受けて高度な専門職に就《つ》くのにむいているかどうかを見るためだったと思われる。ハーヴィの六人の兄弟のうち、五人はのちに家業を手伝うようになった。のこるひとりは、従僕としてジェームズ一世の宮廷に出仕した。

ウィリアムは、一五歳で学校を卒業すると、大学にすすんだ。中世の時代には、原則として学力さえあれば上の学校にすすむことができた。裕福かどうかはそれほど重要でなく、それよりは教会とのつながりのほうが重視された。金銭的なことは、教会の援助も受けられたし、上級生になれば下級生を指導したり家庭教師をしたりして稼いでもよかった。

ところがイングランドでは、一五三六年から一五三九年にかけて、ヘンリー八世の宗教改革があった。教会は収入源の多くを失い、それまでのように学生を援助できなくなり、家が裕福な者、貴族の援助を得た者、奨学金を受けた者でなければ、大学に学ぶことはできなくなっていった。ハーヴィのころも、その後の長いあいだも、イングランドで大学にかようことはめずらしく、大学生の数は全国でおよそ三〇〇〇から四〇〇〇人程度だった。そしてその多くが、ジェントリー階級、つまり中流階級だった。そのうちおよそ三人にひとりが学位を取得できずに大学を去った。

一六世紀のイングランドには、そのころですでに長い歴史を誇っていたふたつの大学があった。そのひとつ、オックスフォード大学はヨーロッパ最古の大学のひとつに数えられ、その歴史は大学というものがこの世に誕生した一二世紀にまでさかのぼる。ハーヴィの志望校、ケンブリッジ大学は、それより少し遅れて一三世紀初頭に設立された。両大学とも医学課程はとくに有名ではなかったが、ケンブリッジのゴンヴィル・アンド・キーズ・カレッジには、医学を修める意欲に満ちた学生が集まっていた。医学の名門といえば、フランスのパリ大学やモンペリエ大学、イタリアのボローニャ大学やパドヴァ大学などで、それらと比べるとケンブリッジは見劣りしたが、イングランドで学ぶのなら、ここがいちばん良さそうだった。

ケンブリッジ大学の何よりの魅力は、医学部のマシュー・パーカー奨学金だった。支給対象は、ケント州出身で、カンタベリーのキングス・スクールを卒業した者である。ハーヴィも、まるで自分のためにあつらえたようなこの奨学金を受けた。おかげで、ゴンヴィル・アンド・

キーズ・カレッジに在籍した六年間、授業料や食費からこづかいにいたるまで、まったく不自由することはなかった。この奨学金がなければ、家業を継ぎ、父とともに一家を支えるしか道はなかったかもしれない。ハーヴィが大学に入学したのは、一五九三年の五月三一日である。病気のためと言われる長期欠席が数度あったほかは、在学した六年間のほとんどをケンブリッジで学問にいそしんだ。

このころまで、ハーヴィは、同じ時代のもうひとりの有名人、クリストファー・マーロウとそっくりな人生を歩んでいる。イングランドが生んだ最初の偉大な詩人、劇作家と称されるマーロウは、一五八〇年にカンタベリーのキングス・スクールを卒業し、ケンブリッジ大学にかよい、パーカー奨学金を受けた。彼はロンドンへ出、イングランド演劇を一変させる数かずの戯曲を執筆し、さらに有名な友人、ウィリアム・シェイクスピアが登場する道すじをつけた。けれどマーロウは、ハーヴィがケンブリッジに入学する前日にパブで殺害され、その創作人生にあっけない幕を下ろしてしまった。

おとなになったハーヴィが日々暮らした世界は、おそらくほかの誰の作品よりシェイクスピアの伝記と戯曲に映し出されている。町の通りや、王室や、貴族の屋敷で見られた世紀の変わり目のロンドンの風景を、シェイクスピアの作品はあざやかに描き出している。

一六世紀から一七世紀にかけてイングランドでは人口は急増し、労働力がだぶつき、農作物

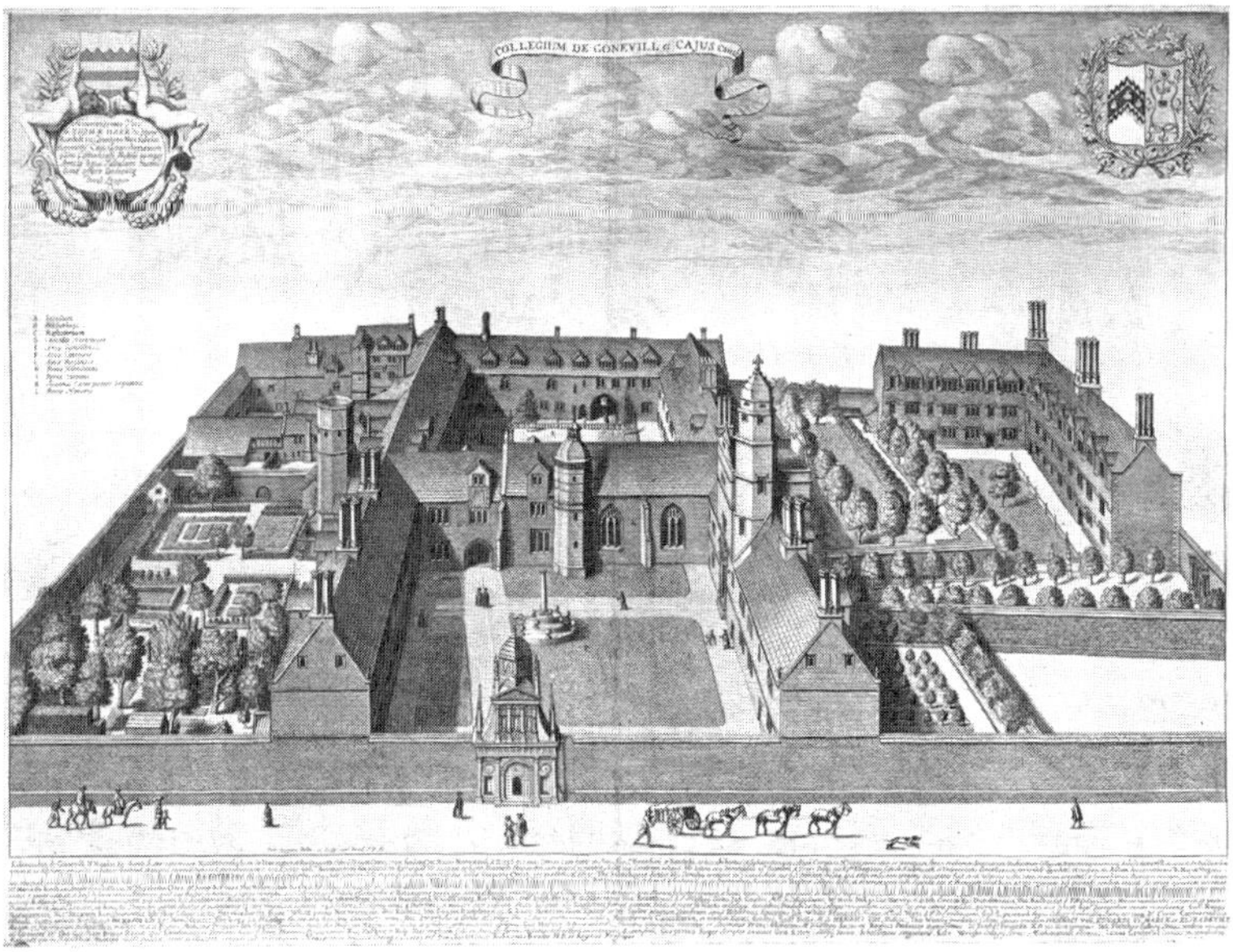

1690年製作の銅版画。ゴンヴィル・アンド・キーズ・カレッジ。手前に見えるのが栄誉の門。1590年代後半にハーヴィが医学を学んだころもほぼこのような感じだった。

が値上がりし、地代が高騰した。こうして貧しい者はさらに貧しくなり、一七世紀初頭には、その日の食べものにも事欠く不安な毎日を送るようになっていた。一方で、領主の貴族や、舶来品や専門サービスを売りものに貴族相手の商売をしていた成長いちじるしい中流階級は、裕福な暮らしをしていた。

　豊かさにより建築様式も変化した。各地の広大な地所にある邸宅は、意匠《いしょう》を凝《こ》らした華やかなカントリー・ハウスに変貌《へんぼう》した。こうした富裕層はロンドンにも家をもつようになり、疫病の恐れの少ない冬のあいだはそこですごすこともできた。このころすでに、暑い夏場の町の人混みがペストや赤痢のような疫病をひき起こすことは知られており、そうすることができる者は、夏には人混みを避け田園地帯ですごすようになっていた。土地をもつ中流階級は、カントリー・ハウスほど華美でないが二階建て、三階建ての屋敷を建てた。骨組みは木骨で、内壁と外壁は旋盤《せんばん》で加工した漆喰《しっくい》と粘土でできていた。それは、石膏の乾式壁が発明される前の二〇世紀初頭に漆喰壁をつくっていた工法と大差ないものだった。屋根はタイルやスレートで、藁《わら》葺《ぶ》き屋根もまれに見られた。この木造建築の多さが、ハーヴィの死の一〇年後の一六六六年に起こったロンドン大火であれほど被害が大きくなった理由だった。

　中世の時代、市場では演劇が上演された。演じたのは、帽子をまわしてお銭《あし》を集める旅回りの一座や、道徳劇や「キリストの受難」のような季節演目をレパートリーとする教会の一座だった。一六世紀の後半になると、エリザベス一世をはじめとする為政者たちが、役者たちのスポンサーになった。彼らは、貴族の邸宅や、公開でも宿屋の中庭《イン・シアター》で上演することを好んだ。そうした場所なら入場を管理でき、料金の取りはぐれがなかったからである。

一六世紀も最後の四半世紀にはいると、演劇を上演するための常設劇場がロンドン近郊で建設されるようになる。一五七六年にシアター座、一五七七年にカーテン座、一五八七年にローズ座が建設された。どの劇場も、つぎつぎに現われる役者集団をやや懐疑《かいぎ》的な目で眺めていたロンドンの市長や市会議員の道徳的批判の声がちょうど届かないあたりに建てられた。そして、マーロウやシェイクスピアら劇作家が政治や歴史をテーマに描き出した痛烈に風刺の利いた奔放で斬新《ざんしん》な演劇が世に出るための物理的、社会的な舞台となった。一五九八年には、シェイクスピアがおもにかかわったグローブ座が、それに先立ち閉鎖され解体されたシアター座の建材を使って建てられた。

ハーヴィの生きていたころに、芝居小屋、舞台を指す「劇場」という言葉は、現実世界とそこで起こるできごとのメタファーになった。英語の theater（劇場）は演説や演劇をする場所を指す古代の言葉だが、一六世紀には、たとえば『世界劇場』のような地図帳の表題としてよく用いられるようになった。一方、シェイクスピアが「世界はすべてひとつの舞台」（『お気に召すまま』第二幕第七場）と言ったのは、現実の世界を全知全能の創造主によって割りふられた役割

シェイクスピアが数多くの戯曲を上演したグローブ座が手前に見える（中央右）。テムズ川のむこう岸は、ハーヴィがラムリー講座講師として、聖バーソロミュー病院の医師として生活したロンドン市内。セント・ポール大聖堂がそびえる。

をすべての登場人物が演じる一幕の芝居に見立て、芝居を上演する劇場と同じだと言ったのだ。

後年、ハーヴィがイタリアのパドヴァからイングランドへ戻ったころには、ロンドンとその近郊で劇場ブームが起こっていた。新しい劇場は、高い切符を買って一段高い舞台正面の個室桟敷《さじき》席で観劇する富裕層を念頭において設計されたが、庶民も入場することができた。彼らはただのような安い料金で、桟敷席と舞台のあいだにつくられた立見席から観劇した。シェイクスピアの作品には、このごた混ぜの騒がしい群衆にむけたくだりがときどき出てくる。卑猥《ひわい》で滑稽《こっけい》なコメントのいくつかも、観客のなかの庶民にむけたものであろう。

演劇専用の常設建造物として劇場をつくるという発想は、このころから明確なかたちをとりはじめた。その発達のしかたは、ハーヴィが参加し、身につけた公開解剖のための常設施設が確立されていった過程と似ている。

一六世紀末のケンブリッジ大学のカリキュラムは、基本的に中世のころと変わらなかった。ハーヴィもまずは自由学科からはいり、修辞法《レトリック》(効果的かつ説得力のある文章を書き話す技能)、道徳、政治学、自然哲学を学んだ。教材は、アリストテレスの論文とその解説書が多かったが、キケロ、プリニウス、プラトンら古代の大家の著作も使われた。算術、幾何、天文学といった自然哲学を学ぶことは、学者の教養だったのだ。

高度な医学を学ぶ前に、学生たちは天文学と占星術も学んだ。そのころの医療は、健康も病気も、空に見える運星〔人の運命をつかさどる星のめぐり合わせ〕の季節や視座（並び方）によって決まるという考えを土台にしていたためである。運星が一定の並び方をしたり、黄道帯の特定の宮に姿を現わしたりすることが、体内の液体の流れや主要器官の働きと直接関係があるとされていたのだ。治療の一環として医者が星占いをして稼ぐのも、ふつうのことだった。

と言っても、全体としては、『物理学』、『天について』、『気象学』、『精神について』（心理学）、『形而上学』、『生成消滅論』など、アリストテレスの著作名をそのまま呼び名にした科目が多かった。まずこれらの科目があり、その範囲内で疑問が生まれたため、その答えの種類も枠にはまったものだった。古代ギリシャ文明の水準にすぎない文献が、二〇〇〇年近い時を経てなおこれほど重んじられていたことは奇妙に思えるかもしれないが、アリストテレスの研究は、それだけの時を経ても淘汰《とうた》されないほど包括的で体系的だった。中世初期（西暦四〇〇年ごろから一〇〇〇年ごろ）の西欧のラテン語圏では、たびかさなる侵略と人口の移動によって教育がままならず、基礎的な読み書きさえ混乱するありさまだったため、とりわけアリストテレス信仰が強かった。

ヨーロッパでは、一三世紀にアリストテレスの論文が再発見され、以来、大学の基礎教育、とくに自然哲学（現代の「科学」にあたる）の分野ではアリストテレスの思想が主流になった。一六〇〇年にはその状態がまだつづいており、ハーヴィも、物質がある状態からべつの状態に変

17世紀オランダの衣装を身にまとい、ギリシャ文学を築いた偉大な叙事詩人ホメロスの胸像の前で沈思するアリストテレス。オランダの画家レンブラントの1653年の作品。アリストテレスは、西洋の哲学の伝統を築いたひとりとして広く尊敬され、彼の教えは、ハーヴィの時代には大学教育の基本だった。

化するように自然界は絶えず成長と崩壊をくりかえしているというアリストテレスの世界観を身につけた。

アリストテレスは、偉大な観念論の哲学者、プラトンの弟子だった。プラトンは、五感によって知覚できる世界は、完全な非物質的イデアからなる真の現実の粗悪なイミテーションにすぎないと説いた。しかし、アリストテレスは師匠とちがった。彼の関心の対象はもっぱら物質にあった。彼は第一に生物学者であり、身のまわりの絶えず変化しつづける世界と、世界を構成するさまざまな要素が生まれては消えていく仕組みの謎に魅了された。アリストテレスの著作は政治論から詩にいたるまで多岐にわたるが、自然哲学に関して言えば、彼が主眼を置いたのは、現代の言葉で言う「発生」や「生命」だった。たとえば、結晶や鉱物について、古代の人びとは、成長するもの、生命のあるものだと考えていた。ヨーロッパでもはじめはその見方を踏襲《とうしゅう》し、鉱物を有機物だと――地中で成長し、年をとるものだと――考えていた。結晶が「成長」する様子が目に見えたせいかもしれない。そのため、アリストテレスの教えは、医学理論を築く土台として好ましいものだった。

文学士号を得るために必修だった中世の人文科学課程の内容は、ほとんどがアリストテレスら古代ギリシャ人、古代ローマ人の著作だったが、学ぶ方法は中世独特のもので、あらゆることがらをとりあげて主張と議論をくりかえすものだった。このやり方は大学を席巻《せっけん》したので、そのまま「スコラ学方式」と呼ばれた。一五七〇年に制定されたケンブリッジ大学の学則では、二年生以上の学生は毎週二回ないし三回の討論演習に出席すること、三年生以上は実際に討論演習に参加すること、と定められていた。試験に合格するだけでは文学士号を得ることはできず、命題（哲学的主張）を選び、それについての公開討論に参加しなければならなかった。大学教育は、学生に知識を身につけさせるだけでなく、身につけた知識を使って主張をおこない、その主張を擁護《ようご》する能力を身につけさせることもめざしていたのだ。

ハーヴィがケンブリッジ大学の医学講義に出席するようになり、医学関係の本を集中的に読むようになったのも、おそらくは一五九七年の夏に文学士号を取得したあとのことであろう。医学課程には、中世の医学文献、とくにアラビア語からの翻訳文献や、中世やルネッサンス期にヨーロッパで書かれたそれらの文献の解説書を学ぶ講座もあった。しかし、医学課程のほとんどは、あの伝説のヒポクラテスと古典医学の巨星ペルガモンのガレノスの手になる最古の総合医学論文の思想と実践を学ぶことだった。ヒポクラテスは紀元前五世紀のギリシャの医師、ガレノスは紀元二世紀に現在のトルコ（そのころはローマ帝国の一部）やローマで活躍した医師である。

ガレノスの理論が長くすたれなかった理由は、彼がアリストテレス自然哲学を完璧に理解し、それを土台にして当時の内科と外科のすべてを網羅《もうら》した矛盾のない医学理論をつくりあげるこ

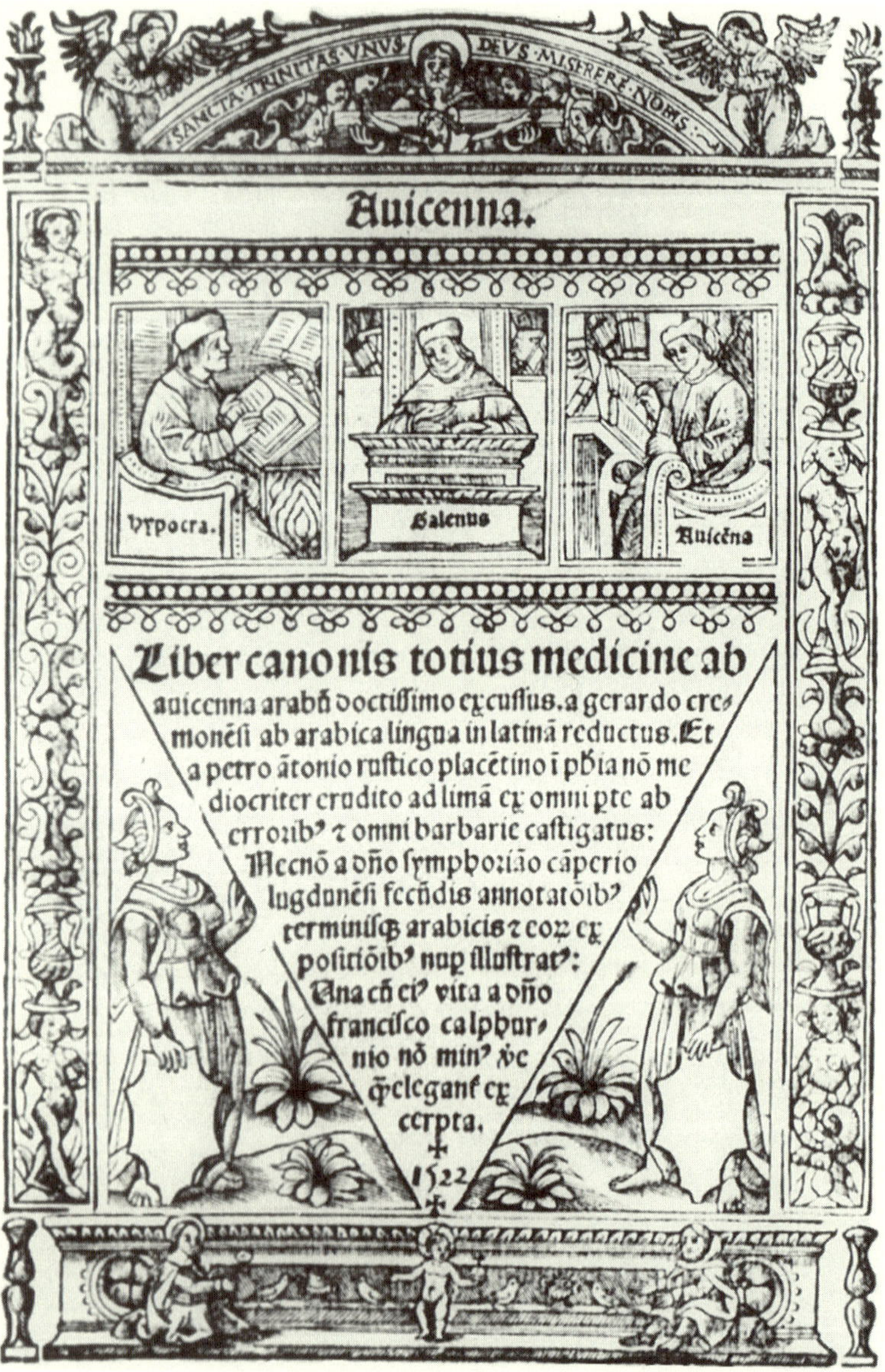

ペルシアの哲学者であり医師でもあったイブン・シーナーの『医学典範』は、アラビア語で書かれた。ラテン語に翻訳され、ヒポクラテスとガレノスの医学の基礎となった。イブン・シーナーの左にガレノスとヒポクラテスが座っている。中世後期のヨーロッパの医学校でもっとも広く使われた教科書。

とに成功したことにある。ガレノスがおこなった医療行為と自然哲学の融合は、その後長い歳月にわたって大きな影響力を保ちつづけ、中世のアラビア世界でもその後のヨーロッパ世界でも、医学教育の土台となった。ガレノスの手法を踏襲《とうしゅう》して医学を研究し、実践する人びとを、ガレノス派という。

古代のギリシャやローマでは、医療は手工業に近いあつかいであり、知的専門職とはみなされていなかったが、ガレノスが人体の働きと健康や病気の性質を哲学用語を使って説明したことは、医学を、学ぶに値する哲学の一分野に昇格させるうえでおおいに役立った。こうして蒔《ま》かれた種《たね》が、やがて中世の時代に、各地の大学で、大学教育を受けた医師や医学著述家によって医学の地位を手工業から知的専門職に昇格させようという動きが起こったとき、実を結ぶことになった。

一三世紀に大学組織は発達し、四つの「学部」が誕生した。それまでの人文学部に加え、神学部、法律学部、医学部の三つの上級学部が設けられたのだ。そのため、一六世紀から一七世紀の近世初期に大学教育を受けた科学者のほとんどが医学の素養を身につけることになった。それと同時に、彼らはアリストテレスとガレノスの思想と手法にも染まることになった。一七世紀のもっとも尊敬される科学者、ガリレオ・ガリレイ、ヨハネス・ケプラー、アイザック・ニュートン、そしてウィリアム・ハーヴィらも、のちにその呪縛《じゅばく》から解き放たれていくことになるが、学生のころは、医学を学ぶ者もそうでない者も、みな旧来のアリストテレス派の伝統に染まっていた。このように教育の背景が同じだったため、彼らはヨーロッパ圏ならどこでも学び教えることができたし、大学教育を受けたヨーロッパ人なら誰でも理解できる共通の文章作法を身につけてもいた。おかげで、一五九九年の秋にハーヴィがケンブリッジからすぐれた医学校のある北イタリアへ留学したときにも、ほとんどとまどうことはなかった。

一七世紀初頭の専門医学の最高峰といえば、パドヴァ大学が第一に挙げられるだろう。イタリア北東部、ヴェネチアの近くにある大学である。医学教育ではフランスのパリ大学やモンペリエ大学なども一流だったが、臨床実習と解剖なら、パドヴァ大学が随一《ずいいち》だった。

そのころ、パドヴァはヴェネチア共和国の一部であり、その影響がそこかしこに見られた。どの業種でもヴェネチアの有力な商人や職工組織が幅をきかせ、結果として、町も大学も自治を制限されていた。一方で、ヴァチカンや北方や西方の諸国の政治的陰謀《いんぼう》からはある程度まもられたため、一六世紀の水準からすれば、宗教戦争が頻発《ひんぱつ》する時代にしてはパドヴァ大学の治安はかなりよかった。

イタリア北部の町ボローニャでは、一四世紀に、医学はすでにめざましい進歩を見せていた。ボローニャ大学では、才能にあふれ進取《しんしゅ》の気性に富んだ教授陣が、臨床観察と臨床診療を医学課程に組みこんでいた。公開解剖を毎年おこない、その出席を学則に定めていた。このとり組

ハーヴィも学生としてかよった1601年当時のパドヴァ大学、いまものこる円形解剖劇場を描いた銅版画。左側は断面図。下のリストはその年の各教授の講義予定表。

みは、のちの時代にはヨーロッパ各地の医学校にも広まっていく。ボローニャ大学の医学生にとって、医学を学ぶことは、アリストテレスやガレノスやヒポクラテスやアラビア人解説者が書いた本をただ読むことではなく、実際に患者を診て、ときには解剖や検死をして身体の内部の仕組みを調べることだった。その伝統は、ボローニャ大学の教師と学生によって設立されたパドヴァ大学にも受けつがれた。ハーヴィがパドヴァの地を踏んだころには、歴代の錚錚《そうそう》たる内科学、外科学の教官たちの力により、パドヴァ大学は医学教育機関の名門としての地位を揺るぎないものにしていた。

アンドレアス・ヴェサリウスは、一六世紀のもっとも有名な解剖学者のひとりである。ヴェサリウスは、一五三七年にパドヴァ大学にやって来て医学博士号を取得し、その後外科学の教授に就任した。彼は、パドヴァに来る前はガレノスのギリシャ語オリジナル版の論文研究がさかんだったパリ大学に学んでおり、ガレノスの解剖学手法の洗練にすぐれた力を発揮した。ヴェサリウスが一五四三年に発表した解剖学教科書『人体の構造』は、説明を補足する美しい写実的な図を載せた初めての教科書だった。パドヴァ大学からは、その後もすぐれた解剖学者が何人も輩出した。生殖器官の解剖研究で有名なガブリエル・ファロピウスや、心臓の弁を研究し、血液が肺をとおって心臓の右側から左側に移動すると主張したレアルド・コロンボらもいた。コロンボのあとを継いだのが、静脈の弁の丹念な研究で後世に名をのこしたハーヴィの師

アンドレアス・ヴェサリウスが1543年に発表した先駆的な解剖学教科書、『人体の構造に関する七冊の本』の表題ページ。公開解剖に押しかけた人びとで大混雑するなかで、ヴェサリウスが女性の死体を解剖している。ヴェサリウスは、助手に指示しながら権威ある教科書を読み聞かせる伝統的なやり方より、自分でじきじきに解剖してみせることを重視していた。ヴェサリウスと彼の後継者たちの指導のもと、パドヴァ大学はヨーロッパ最高の解剖学教育の中心としての名声を得た。

匠、アクアペンデンテのヒエロニムス・ファブリキウスだった。こうしてハーヴィは、ヨーロッパ最高の解剖学者たちの系譜に名をつらねることになった。

パドヴァ大学では、医学教育の一環として解剖実演があったが、そのたびに仮設ステージを組んでおこなっていた。解剖の重要性が高まり、解剖実演の回数が増えたことで、そのたびにステージの設置と撤去をくりかえすのがわずらわしくなったのだろう、一五八四年、ヨーロッパ初の室内解剖劇場がパドヴァ大学に建設された。一五九四年には、ファブリキウスの設計で、より観客に配慮した二代目の常設解剖劇場が建てられた。ロンドンに最初の常設演劇劇場が建ってからまだ二〇年も経たないころのことである。ふたつの種類の「劇場」が時を同じくして歴史に登場したところを見ると、解剖を「見る」ことに社会的な意味があったようだ。身体の内部を見せることで医学生を教育し、解剖を公開することで医学に無関係な大衆に社会的なイベントを提供したのだろう。ハーヴィの時代には、解剖劇場側が入場料を負担し、有力な市民が見物料を支払えば解剖台《ステージ》近くのよい席を用意する、ということもあった。

一四世紀半ばの未曾有《みぞう》のペストの大流行以来、芸術家やモラリストは、肉体の命ははかなく、死の訪れは気まぐれであるというテーマに心奪われていた。ペストだけでなく何かしらの伝染病が各地で一〇年か二〇年おきに流行した。人びとは、波のように時をおいて押し寄せ、老若も、貧富も、正邪もかまわず人の命を奪っていく病とともに生きることを覚えた。そのなかで、

ライデン大学の解剖劇場を描いた1610年の銅版画。劇場を一種の芸術と道徳の博物館として表現している。公開解剖に使わないときには、解剖に使った人や動物の骸骨に、人生のはかなさを心に刻みなさいと書いた旗をもたせて展示していた。

人間の死と人体の謎に魅せられていった。解剖劇場を描いた一七世紀の絵画には、しばしば人間や動物の骸骨《がいこつ》が登場する。これは、肉体の死というテーマへのオマージュである。

だが、やがて、解剖を見ることがべつの役割もになうようになった。観察にお墨つきを与える役割である。解剖学者が解剖学的発見をし、その正当性を主張するとき、研究の様子をしかるべき人物に見てもらい、証明してもらえば、信憑性《しんぴょう》が高まることに気がついたのである。ヴェサリウスの有名な解剖学論文の口絵にも、彼が観衆の前で人体を解剖している様子が描かれている。一七世紀には、すでに認められている事実をもとに科学をつくり出すうえで、「見る」という行為は大きな役割をはたしていた。論理的に証明できない分野では、論理的証明の代わりに、人前でやって見せてコンセンサスを形成することによって「科学的事実」をつくり出し、それをもとに理論を組み立てていたのだ。ハーヴィは、観察した結果を再現できるように提示した。つまり、その結果がすでに一度目撃されていて、しかも同じことをくりかえし再現できる、だから信用できると、読んだ者が納得できるようなかたちで提示した。このやり方のおかげで、彼の研究はながく信頼を失わず、現在にいたっても科学論文のモデルのひとつとされるまでになった。

ハーヴィは、たまたまこの手法を使うようになったのではない。パドヴァではアリストテレス派の研究の伝統がとりわけ色濃く、そのなかで育まれた実験主義も強く生きていた。ハーヴィの師、ファブリキウスは、この「新」アリストテレス派の手法に染まっていた。彼は、動物の体の各部の形と役割を理解しようとした。当時の標準的な医学課程は、科学の追求より治療家の育成を目的としていたから、彼の研究はその枠を超えたものだった。パドヴァの解剖学者は、ただの内科医ではなく医学生物学者であり、人体解剖の技術にかけてはヨーロッパで他の追随《ついずい》を許さなかった。こうして、ハーヴィは、伝統にしばられた大学では得られない人体に対する俯瞰《ふかん》的な視野を手に入れた。

ファブリキウスとその後輩のピアチェンツァのユリウス・カッセリウスから、ハーヴィは動物の解剖と生体解剖の方法を教わった。生きた動物を使う生体解剖は、現代人の感覚では残酷に思える。もちろん、時代を問わず、科学者がことさらに動物に苦痛を与えるようなことはできればしたくないと思う気持ちは変わらない。しかし、古代の医学研究者たちは、生きものが死んだあとの抜け殻《がら》の性質をつきとめるだけなら生体解剖はいらないが、生きている体がどのように動くのかを理解するためには生体解剖が欠かせないことを知っていた。一六世紀、一七世紀の「化学系」内科医――化学理論にもとづいて診断を下し、実験室的手法と伝統的な薬草療法を用いて調合した薬を処方する内科医――は、大学がヒト解剖学を重視していることを執《しつ》拗《よう》に非難した。彼らは、死体を解剖しても明らかになるのは死んだ身体の性質であり、生体の特徴である「生気論」が明らかになるわけではないと考えていた。鍵はもちろん、死体の構造と生体の機能を結びつけることだが、それはほとんど想像するしかないし、それがわかったところで医者の治療の腕があがるものでもない。

生体解剖は、ギリシャ・ローマ時代に、当時の科学研究の中心地、古代アレクサンドリア（現在のエジプト）でおこなわれていた。紀元前三世紀に、医学研究者であり教師でもあったヘロフィリスとエラシストラトスが、人間の生体解剖をした記録がのこっている。解剖されたのは、ギリシャ・エジプトの君主から与えられた死刑囚だった。その後、ガレノスの時代になるまで何世紀も生体解剖はおこなわれず、いつしか、昔はそんなひどいことをしていたらしいが、という眉唾《まゆつば》ものの言い伝えになっていった。しかし、ガレノスは、解剖学の理解を深めることが医学の進歩につながることに気づいていた。彼は、人間にきわめて近い姿のバーバリーエイプ（北アフリカと南スペインに生息する猿）をはじめ、多種多様な動物を探し出しては解剖した。

生体解剖の結果から、ガレノスはいくつかの神経の働きを知ることに成功し、十分な知見が得られたとして、かなり複雑な生理学理論をいくつか打ち出した。これらの理論の多くは、まったくの誤りだったことがのちに判明する。用いた手法の限界による誤りもあれば、うまく観察できたものを誤って解釈したものもあった。一七世紀になると、古代の科学的業績がくりかえし試され、改良され、さらにすぐれた技術が生みだされていったが、じつはガレノスの用いた手法は、その一七世紀にハーヴィが採ったのと大差ないものだった。ハーヴィがすぐれていたのは、ガレノスの手法――そのころにはパドヴァ大学の解剖学者たちの手でさらに高度に洗練されていた――を、アリストテレス自然哲学を土台にした人体各部の働きと目的の研究と結びつけたことだった。ガレノスは人間を理解するために動物を解剖したが、ハーヴィは動物全般を理解するために人間もふくむあらゆる動物を解剖した。つまり、ハーヴィはアリストテレスとファブリキウスの両方を手本にしていた。特別な時代に特別な大学に学んだことが、ヒト生理学に革新をもたらす力をハーヴィに授けることになった。

一六〇二年四月二五日、ハーヴィは医学博士号を取得した。ヨーロッパ北部の教会がローマ・カトリック教会と袂《たもと》を分《わ》かってから一世紀もたっておらず、カトリック当局はハーヴィのようなプロテスタントには博士号を授与しなかった。そのため大学では、正式の授与式とはべつにシグムンド伯の宮殿で授与式をおこない、神聖ローマ帝国皇帝ルドルフ二世ではなく伯爵の署名によってハーヴィに免状を与えた。まもなくハーヴィはロンドンへ戻り、王立内科医師会の会員候補になる申請をした。このときの結果は不合格だった。

王立内科医師会（the Royal College of Physicians）は、「カレッジ（college）」と名づけられているがいわゆる大学ではなく、同職ギルドのような専門職協会である。その目的は主として、ロンドンとその近郊での医者の開業を許可する権限を、大学教育を受けたロンドンのエリート内科医たちの手におさめておくことだった。王立内科医師会は、一五一八年の設立以来二〇〇年間、

パドヴァ大学から授与されたハーヴィの医学博士証書。手づくりの美しい装飾で飾られている。

ロンドンで治療行為にたずさわる無数の医師、外科医、薬剤師らを管理した。医師会の監察官は、医療従事者が正規の訓練を経て免許を受けていることを確認する。外科医は外科のみ、薬剤師は製薬・調剤のみと、それぞれのあつかう範囲を制限した。医師会の承認なく医療行為をする者がいれば告訴し、業務を停止させた。しかし、民衆は医療を必要としていたし、海外から流入してくる医師、田舎医、もぐり医は無数にいるうえ、彼らは求められれば喜んで診療に応じてしまう。結局、ほとんど医師会の設立当初から、監察官がどれだけ働いても徒労に終わるだけだった。科学的医療が民間療法よりすぐれていることをはっきり示すことができないかぎり、医療の世界に秩序をもたらそうとしても、時を費《つい》やすだけの負け戦《いくさ》だった。

ハーヴィがイングランドに戻った翌年の一六〇三年、エリザベス一世がこの世を去った。六九歳という高齢だった。彼女の長い治世は、イングランドにまずまずの安定と繁栄をもたらしていた。そのあとに即位したのは、エリザベスと敵対し、一五八七年に処刑されたカトリック教徒のスコットランド女王メアリーの息子、スコットランド王ジェームズ六世だった。エリザベスには子がなく、兄弟姉妹もすでにこの世にいなかったため、彼が第一位の王位継承者だったのだ。そして彼は、イングランド王ジェームズ一世となった。ジェームズの母メアリーと彼女の一族は敬虔《けいけん》なカトリックだったが、ジェームズは完全にプロテスタントだった。しかし、奔放なジェームズの宮廷は、道徳的に厳格なカルヴァン派（清教徒ともいう）の非難を煽《あお》ってしまう。前女王エリザベスは、勢力を増し要求を強めつつあった清教徒と根強い影響力をもつカトリックのバランスを保つことに心を砕いていたのだが。ジェームズ一世の治世の初期を特徴づけるこの政治的、宗教的な緊張が、のちにハーヴィの人生に暗い影を落とす大事件へとつながっていく。

そのころ、ハーヴィは、ロンドンの内科医として信用を築こうと奮闘していた。医師会の審査官は、ハーヴィが最初に申請したときに免許は交付しなかったが、開業することは黙認する姿勢を示した。ちょうどペストの流行があり、医者が足りなくなっていたせいだろう。この機会をうまく生かしたのかどうかは定かでないが、まもなくハーヴィは二度目の申請をした。

一六〇四年、ハーヴィは会員候補としてようやく医師会への入会を許された。あくまでも「候補」なので、医師会から免許を受けて開業できるようにはなったが、これからも正会員への昇格をめざしていかなければならない。その年の秋、ロンドンで内科医としてやっていける見通しがたったハーヴィは、エリザベス・ブラウンと結婚した。ハーヴィの妻となったこの女性については、ほとんど何も伝えられていない。結婚したとき二四歳（ハーヴィは二六歳）で、宮廷医ランスロット・ブラウン卿の娘だったという記録があるくらいである。ハーヴィの義父は、新王の侍医という若い娘婿をひきたてるのに好都合な地位にいた。しかし、ハーヴィをロンドン塔の内科医にとり立ててもらおうとしたが、うまくいかなかった。その後まもなく、一六〇五年に、彼はこの世を去った。

ロンドン塔は、王に敵する高位の者を幽閉《ゆうへい》する牢獄として知られていた。ここに勤めていれば、そのころのもっとも有力で魅力的な人びとと交際するチャンスをハーヴィは手にしていただろう。なかでも今日もっとも有名なのは、ウォルター・ローリー卿である。のちの大英帝国誕生の布石となったヴァージニアの植民地化を試みた人物である。行動する者を評価する時代に、彼は行動の人だった。しかし、エリザベス女王の寵臣《ちょうしん》として妬《ねた》まれ、友人のクリストファー・マーロウと同じく無神論者として恐れられた。ジェームズ一

スコットランド王ジェームズ6世。直系の後継者のいないエリザベスの死後の1603年にイングランド王ジェームズ1世となった。これにより、ふたつの王国の連合であるイギリスが生まれた。

世からは信用されず、むしろ嫌われたローリーは、一六〇三年の一二月にロンドン塔へ送られた。その二年後、第九代ノーサンバーランド伯ヘンリー・パーシーがロンドン塔に入れられた。ヘンリー・パーシーの容疑は、火薬陰謀事件——一六〇五年一一月五日に、イングランドのローマ・カトリック教徒が議事堂を爆破し、ジェームズ一世と王妃、皇太子を殺害しようとした事件——の犯人に賛同したというものだった。

パーシーは、神秘学、とくに占星術と錬金術に並なみならぬ関心を示し、そのために魔法使い伯爵と呼ばれていた。長い投獄生活のうちに、パーシーは図書室つきの研究室を建て、学者仲間と交際することを許されるようになった。そのなかには、著名な数学者や内科医もいた。ローリーのヴァージニア遠征の帰りに新大陸のジャガイモをイングランドへもちこんだ、トマス・ハリオットも、そのひとりである。ローリー自身は文学と化学に興味があったが、パーシーや彼を訪ねてきた人びととの会話も楽しんだ。こうしたつきあいがあるから、牢医師とはいえふつうの牢医師のような境遇に苦しむことはなかったはずだ。だが、その地位はハーヴィのものにはならなかった。

一六〇五年、フォークストンの母がこの世を去り、父がロンドンに移ってきた。このころには、家族のほとんどがロンドンに住み、商売をはじめていた。ハーヴィ一家の絆は強く、公私にわたり支え合っていた。ちょうど地中海東部との貿易がさかんなころで、家業も順調そのものだった。ハーヴィの兄弟のうちエリアブとダニエルのふたりは、やがてロンドンや近郊に地所を購入し、ハーヴィの財産管理を手伝うようになった。ハーヴィは、のちに当局からにらまれるようになると、彼らのもとへ身を寄せることになる。

それからの一〇年間、ハーヴィは着実に地歩を固めていった。一六〇七年に、王立内科医師会の正会員になり、投票会員にもなった。その仕事は、医師会を運営し、医師会の責務を遂行することだった。医師会の責務とは、開業医の審査、候補者の入会許可、にせ医者の告発などである。たんなる一会員にとどまらず、一六一三年、一六二五年、一六二九年には、役員職の監察官四人のひとりにも選ばれた。その仕事は、ロンドンの薬局へ出向き、薬剤の品質を評価することである。一六二七年の一二月には、選任会員八人のひとりに選ばれた。その仕事は、内科医を審査し、ロンドンで開業するにふさわしい教育と訓練を受けているかどうか判断することである。その翌年には収入役になり、さらにその翌年にはふたたび選任会員になった。ハーヴィは、生涯、医師会とその任務に情熱を傾けた。

王立内科医師会の一員であるハーヴィは、とくにロンドンでは社会的地位が高く、診る患者も裕福な有力者が増えていった。開業医としてのハーヴィについては記録がほとんどないが、長い年月のあいだには、大蔵卿や大法官といった高官や、一七世紀の新しい科学の空想家、哲学者としてのちに有名になるフランシス・ベーコンを診察することもあった。しかし、一六〇九年に聖バーソロミュー病院の内科医に応募しているところを見ると、少なくとも開業して最初の数年は、十分な稼ぎがなかったのはまちがいないようだ。

一七世紀初期には、ポストに空きができる前につぎの医師を雇うのが慣例だった。ひとつには、仕事のひきつぎを円滑にするためもあった。ハーヴィの場合は、ポストが空き、仕事に慣れるのに長くかからなかった。ハーヴィが雇われたその年の夏に、前任の内科医が死去したためである。ハーヴィはすぐにそれまで彼がしていた聖バーソロミュー病院の仕事をひきつぎ、その年の秋に正式に任命された。彼の仕事は、週に一日以上病院に出勤し、必要な助言をし、患者の薬を処方し、すべての処方箋の記録をとることだった。この役職には、病院の隣に住居が用意されたが、そのときはあいにくふさがっていた。ただ、都合のよいことにハーヴィはすでに病院の近くに住んでいたため、住居は辞退し、そのぶん給料を上げてもらった。

イングランドでは、大学で教わる内科医のエリート医学は、外科とはちがう職業とされていた。外科は手工業とみなされ、徒弟制度のなかで身につけるものだった。内科医があつかうのは身体の内側がおもで、病気を診断し、患者に治療法をすすめ、食生活を正すといったことをしていた。皮膚病、創傷、骨折など「外側」の手あては、外科の仕事だった。

外科医には、ラテン語も哲学も必要なかった。当時の一般的な外科処置、たとえば危険な「汎濫《はんらん》（溢血《いっけつ》）」の患者にほどこす放血などをするのは理髪師が多かった。理髪師と外科医で構成される理髪師外科医組合という職能別組合もあった。内科医と外科医は、つねにたがいの縄張りに目を光らせていた。内科医は外科医が内服薬を処方するのを許さなかったし、外科医は内科医が伝統的な外科処置をするのを許さなかった。

この状況では、内科医として聖バーソロミュー病院に勤めたハーヴィも、外科医と協同での検死を依頼されるような例外をのぞけば、解剖学を研究する機会はあまり得られなかったと考えられる。しかし、王立内科医師会で解剖学の講師に任命されたとき、パドヴァで学んだように人間と動物の解剖学を体系的に研究するのに必要な舞台を、ハーヴィは手に入れた。

一六一五年に、ハーヴィはラムリー講座の講師に任命された。この講師の職を、彼は一六五六年まで務めることになる。王立内科医師会のラムリー講座の名は、理髪師外科医組合に劣らない外科講座コースを一五八一年に設立したラムリー卿からとったものである。外科医も内科医も受講でき、毎週水曜日と金曜日の午前一〇時から一一時まで、ラテン語と英語でおこなわれた。講義のトピックは外科学の基礎教科書からとり、人間の遺体を使った外科実演もあわせておこなった。そのために、医師会は年間に四体まで死体を確保することが許されていた。外科医がひとり助手として解剖役を務め、その隣に立った講師が、解剖している部分についてさまざまな教科書に書かれている解説を読みあげる。この講座は六年をひとつづきとして、くりかえしおこなわれた。

1666年のロンドン大火後に再建された王立内科医師会。ハーヴィの生きていたころはアーメン・コーナーにあった。

ハーヴィは、家から近いアーメン・コーナーへ王立内科医師会が移った約一年後に、ラムリー講座講師に任命された。その後の歳月のあいだにハーヴィが書きためた講義メモを見ると、彼が、定められた外科学の授業にとどまらず、より広い意味での解剖学の授業をする場として、さらにはファブリキウスがしたような生物学の研究をおこなう場として、一連の講座を位置づけていたことがわかる。ハーヴィは、教科書の説明によって理解させるのではなく、できるかぎり解剖学的特徴を実際に示してみせることで理解させようとした。推論や大家の著作に書かれていることをもとに論ずるのではなく実際に目の前でやってみせる「視覚的実演」をくりかえして事実を積みかさねていくこの手法は、一七世紀後半にイングランドの科学の特色になっていく。

記録によると、ハーヴィが初めて実演講義の教壇に立ったのは、一六一六年四月一六日である。それから三日間にわたり、伝統的な「三腔」法にしたがって腹部、胸部、頭部を解剖し、講義した。これは、腐りやすい組織から先にとり出して検査する順番――人工冷凍技術のない時代にはきわめて重要だった――になっており、きわめて実際的だった。このころ、ハーヴィはおもに心臓と脈管系を研究していたが、九八ページある彼の講座メモのうち、心臓に関するページはわずか九ページである。ハーヴィは、講師としての任務に忠実だったのだ。先人たちにならって他の動物を使った比較解剖もし、人体の解剖で足りない部分をおぎなった。ハーヴィは、比較解剖を講座のひとつのポイントと考えていた。

一六一八年二月三日、ハーヴィは、ジェームズ一世の臨時医に任命された。いずれ常勤医の席が空けば昇格するという条件だった。臨時医であるから、王や王室に対して第一の責任を負う立場ではないが、侍医たちから診察や治療法についての相談をよく受けた。この職に就いたことで、医師としての地位はさらに上がり、貴族階級から診療を依頼されることも多くなった。

ハーヴィのように大学教育を受けた内科医は、貴族、裕福な商人、知的職業人、小売商人を診て生計を立てていたから、この階級にさかんに自分を売りこんだ。とくに運がよければ、裕福な地主のジェントリー階級の屋敷

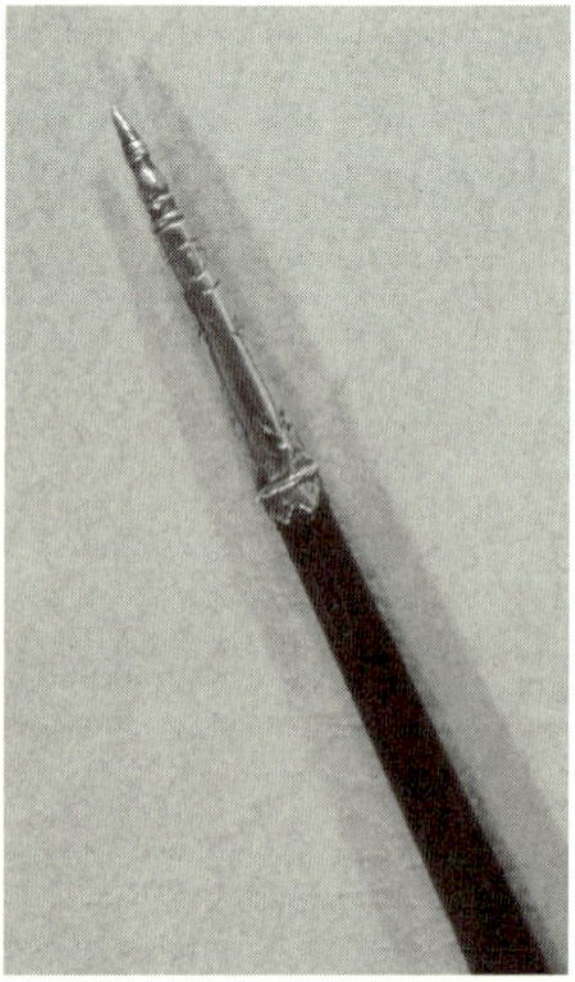

ハーヴィが王立内科医師会のラムリー講座の解剖学授業で体の各部を指し示すのに使ったとされる指し棒。鯨の骨と銀でできている。ラムリー講座は、ロンドンの外科医にヒト生理学を教えるためのものだったが、ハーヴィが心臓脈管系の働きを再確認する役にも立った。

に雇われることもあった。彼らがお抱え医師を雇ったのには、医療サービスを確保することのほかに、富と名声を誇示《こじ》する目的もあった。エリート医師たちは、地方役人のようなさほど裕福でない人びとを診ることもあったが、たいていは裕福なパトロンを診ていれば、開業医として快適な暮らしを送ることができた。ハーヴィの場合は宮廷医だったため、ヨーロッパの宮廷医というエリート・グループに属し、何かを発表すればつねに大学教授並みの影響力をもっていた。

幼いころをのぞけば、ハーヴィは生物学と医学の研究に人生を捧げた。それは、出版された彼の著作を見ればわかる。何本かの未発表の論文、論文で使うつもりで書きとめたノート、個人的な手紙などは、イギリス革命と大内乱で失われてしまった。ハーヴィのプライベートな人生を物語る資料が少ない背景には、そうした事情がある。ハーヴィには子がなく、いまにのこる記録によれば、みずからの職務と王立内科医師会の会員としての活動にほとんど全精力を注ぎこんだようだ。

その後の一〇年、ハーヴィは忙しくすごした。聖バーソロミュー病院の内科医であり、王立内科医師会の精力的な会員であり、医師会では週に二回講師を務め、さらに王の顧問医でもあった。おそらくは、開業医としても多少は仕事をしていただろう。

この時期、ハーヴィは、旧来の医学理論では十分に説明できないいくつかの謎を解き明かそうと、心臓と脈管系の性質を熱心に研究した。なぜ静脈は心臓に近づくと太くなるのか？　いつから静脈の起点が肝臓だと考えられるようになったのか？　肺につながる「静脈」は、ただ肺に栄養を送るだけにしては太すぎるように見えるが、なぜか？　肺につながる「静脈」は、なぜ他の静脈よりむしろ動脈に似た構造をしているのか？　その研究成果は、一六二八年についに発表され、ガレノスからルネッサンスの時代まで受けつがれてきたヒト生理学を永遠に葬り去ることになる。

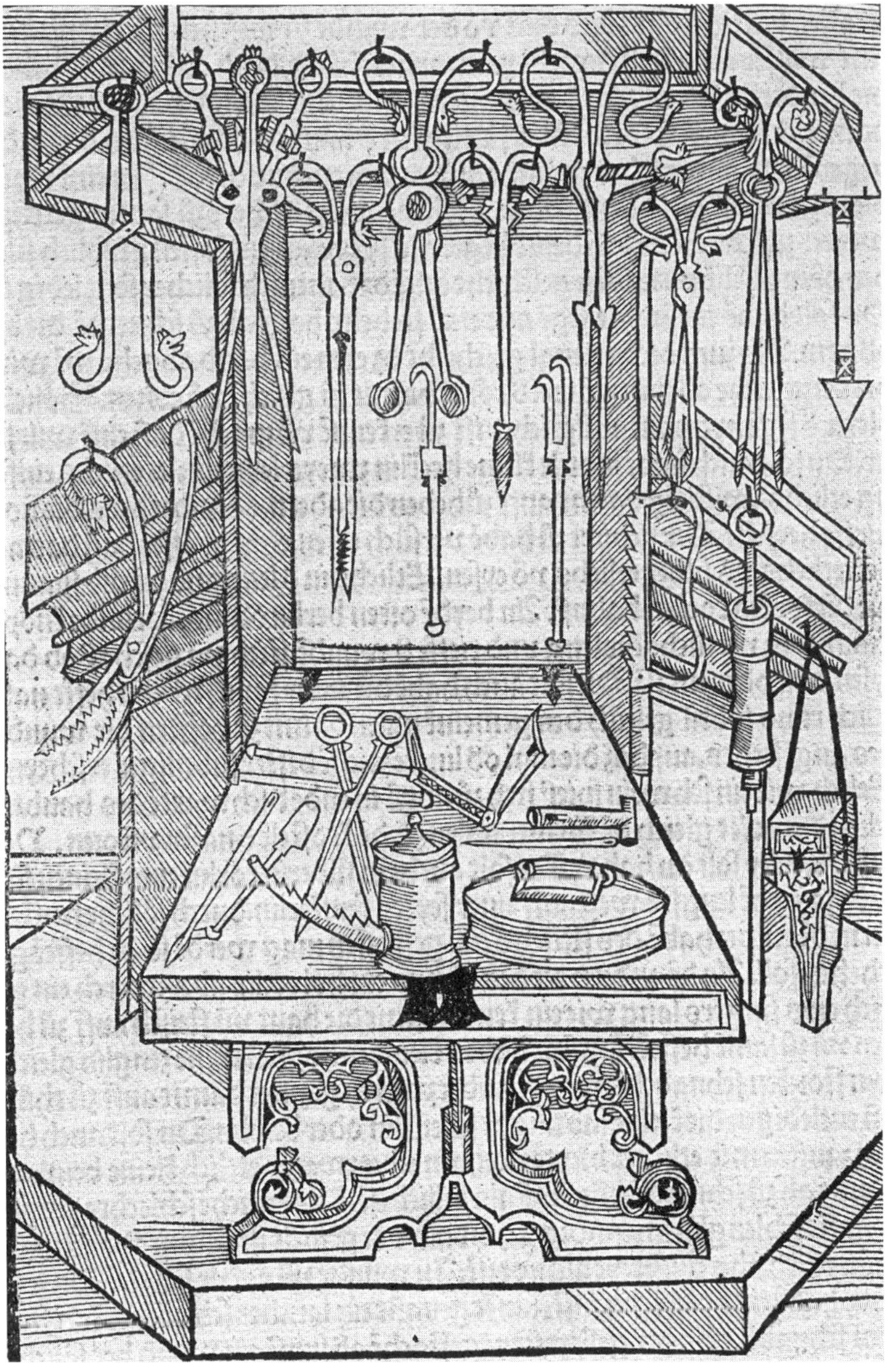

ストラスブルクの外科医ヒエロニムス・ブルンシュヴィヒが1497年に出版した『外科学』に掲載された初期ドイツ木版画。当時の外科医が使ったさまざまな道具が描かれている。はさみ、締め具、のこぎり、探針、ドリル、ナイフ。右の方に吊られたりテーブルの上に置かれたりしているのは、薬を塗る道具、洗浄道具、燻蒸消毒の道具、煙や液体を身体の穴に注入する道具。

ルネッサンスの医学

ウィリアム・シェイクスピアの悲劇『ヘンリー四世』には、ウェストモランド伯がヨーク大司教に、本来キリスト教徒を平和にみちびくはずの彼が、なぜ前王リチャードを殺害して即位した王ヘンリーに反旗をひるがえして軍隊を率いるのか問う場面がある。大司教はつぎのように応えている。

われわれはいま、ことごとく
病におかされている、放らつ、不摂生に明け暮れしたため
激しい熱病にかかっている。それを癒すには、
切開手術をして毒血を抜かなければならぬ。そう言えば、
故王リチャードもこの熱病がもとで亡くなられたのだ。
だが、ウェストモランド卿、もちろんこの私は
みずから名医をもって任ずるものでもないし、

平和の敵として武人たちの群れに身を投じ、
直接行動に出ようとするものでもない、ただ
しばらくは恐ろしい戦神の姿をとって立ち現われ、
安逸をむさぼってふとりすぎたものに食餌療法を加え、
いのちの流れを阻害しはじめている悪い血を抜いて
血管を洗い清めたいと思うのだ。

第二部、第四幕、第一場

〔小田島雄志訳『シェイクスピア全集』（白水社・白水uブックス）より〕

シェイクスピアの観客には、食べすぎたり飲みすぎたりすると、人の第一性質（温・冷・乾・湿）の混ざり具合を決定する人体の基本構成要素のどれかが生産過多になることがすぐにわかったのだろう。基本構成要素とは、四つの体液、すなわち血液（blood）、黄胆汁（choler）、粘液（phlegm）、黒胆汁（melancholy）のことである。これらの体液は、それぞれがふたつの第一性質と関係している。たとえば、血液は温と湿、粘液は冷と湿、黄胆汁は温と乾、黒胆汁は冷と乾に関係している。この医学理論はあまりに広まったため、いまでもたまにそのなごりを目にすることがある。

たとえば、陰気で控えめな人をmelancholic（「憂鬱《ゆううつ》」）と言う。もちろん現在では、体液に黒胆汁が多いせいでそういう性格なのだとは考えない。同じように、sanguine（「多血質」）には「快活」、phlegmatic（「粘液質」）には「鈍重《どんじゅう》」、choleric（「黄胆汁質」）には「怒りっぽい」と、それぞれ人の性格を表わす意味がある。

発熱――熱が多すぎる――の治療法としては、瀉血《しゃけつ》（静脈の切開）をしたり、蛭《ひる》を貼りつけて皮膚から血を吸わせたりして、患者から放血することがおこなわれていた。また、ランセットで皮膚に小さな傷をつけ、あたためたグラスで傷口をおおって放血することもあった。これは、傷口に吸いついたグラス内の空気が冷えると圧力が下がり、身体からグラスへ血液が吸い出される仕組みである。

先のシェイクスピアの一節のなかで、大司教は、「放らつ」によってもたらされた「悪い血」を、武力行使ではなく力の脅威を示すことによって「抜く」ことを望んでいる。医療では、薬（下剤）を与えて余分な体液を体外に排出して、それをおこなった。その薬は、薬草を混ぜたものであることも、油や酸や塩を蒸留するなど化学的につくった薬であることもあった。

ギリシャの医師、ヒポクラテスとガレノスによれば、健康と病気は、全身と各部の四つの「体液（基本液体）」の混ざり具合によって支配される。生まれつきどの体液を多くもっているかによって、人間の「気性」が決まるとされた。上は、それらの気性を擬人化して表わした14世紀の写本。左上から時計まわりに、鈍重（粘液が多い）、快活（血液が多い）、憂鬱（黒胆汁が多い）、怒りっぽい（黄胆汁が多い）。

第二章　血液の循環

生理学の研究に新たな方向性を示し、それまでの人体の働きの見方をくつがえしたハーヴィの記念碑的著作は、一枚の扉絵の上に『動物の心臓と血液の動きに関する解剖学的研究』という控えめな表題をかかげた、むしろ小冊子というほどのものだった。一六二八年に出版されたこの本は、いまなお医学史上もっとも重要な教科書のひとつに数えられ、近代医学の先駆者ハーヴィの名を現代にのこした。しかし、この本に書かれているのは、一七世紀当時に「医学」とされていたものではない。つまり、人体各部の研究、人が患《わずら》う疾病の研究、健康の回復や維持に必要な処置といったことは、まったく書かれていないのである。では解剖学はというと、各主要器官の位置、形状、推定される役割など、当時教えられていた解剖学には、やはりまったく触れていない。この本は、ただひとつの器官――心臓――と、そこにつながる血管の働きについての新説と観察結果をひたすら書き綴《つづ》ったものだった。

ハーヴィの時代以降、心臓脈管系はまとまったひとつの系とみなされるようになったが、一七世紀初頭には、まだ古代ギリシャ人の見方が生きていた。つまり、それぞれが独自に機能するばらばらの器官や系が集まったものとされていた。その考えでは、静脈系は、肝臓でつくられた血液を心臓など身体の各部へ送り、栄養を与える系だった。動脈系は、心臓で精製され、ある種の生命力——身体に活力を与える生体熱もしくは精気の——が付与された血液を流す系だった。心臓の役割はふたつとされた。右半分は、静脈の血液の一部を受けとり、それを肺に送って肺に栄養を与える。左半分は、心臓の左右をへだてる壁（心中隔）をとおして受けとった血液をあたためる。肺から多少の血液が左心

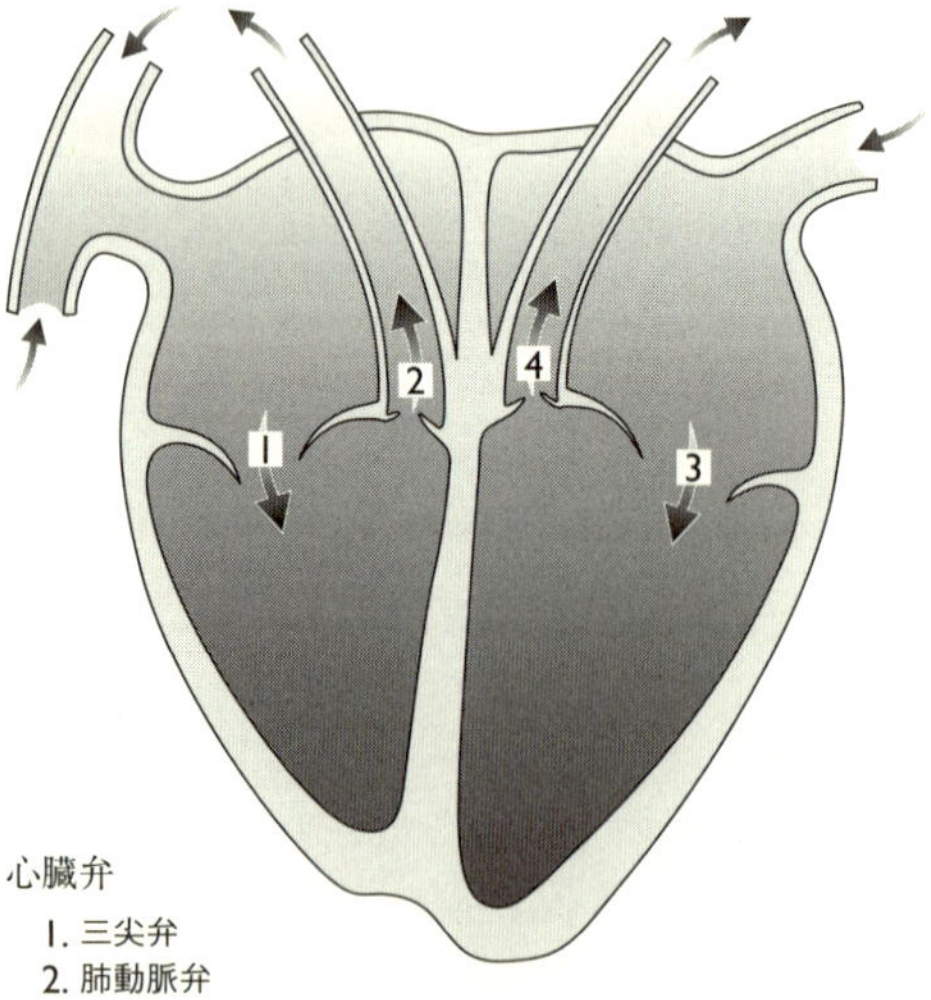

心臓弁

1. 三尖弁
2. 肺動脈弁
3. 二尖弁
4. 大動脈弁

エジプトの古代アレクサンドリアの解剖学者は、人間の心臓はほぼ対称な左右ふたつの部分で構成されることを発見した。液体や精気（プネウマ）を一定の方向に流す弁（1, 2, 3, 4）がある。

室に流れる可能性も考えられたが、肺の主要な役割は、左心室に空気を送って左心室の温度を下げ、血液の過熱を防ぐこととされていた。

適度な体温は、健康の必要条件のひとつとされ、医師たちもおおいに注目していた。体温が低すぎるのは身体が弱っているしるしであり（老人は体温と水分が不足しているとされた）、体温が高すぎると（発熱すると）身体がまいってしまうこともある。熱を出した患者には、体温を下げる目的でも放血をほどこすことが多く、衰弱している患者には、心臓をあたためて活力を与える強壮剤を与えた（「強壮剤」は英語でcordial、corはラテン語で「心臓」）。肺は換気装置と考えられ、その最大の役目は、心臓を冷却することとされた。ひょっとしたら、心臓に精気や空気を与える役割もはたしていて、肺から心臓に送られた精気が左心室で血液と混ぜ合わされるのかもしれないともされていた。

ハーヴィは、この四つの基本部位に焦点をあて、それらが血液の循環というひとつの目的のために協調して働いていると主張した。彼の本は、動物生理学のひとつの側面を切りとり、その作用を哲学的に考察したものであり、医学教科書よりむしろ、いまでいう科学モノグラフに近い。この区別は、現代医学が多様な基礎研究から構成されていることがあたり前になった現在では大きな意味をもたないが、近世初期のヨーロッパでは、医学と自然哲学は依然としてべつべつの学問だった。

ハーヴィは宮廷医であり、内科医師会の会員であり、解剖学の講師でもあった。それでも、この彼の本は哲学の論文として受けとめられた。医学者にとっても重要な本であることは疑いないものの、そもそもこの本じたいが、厳密な意味での医学でなく、哲学に関心をもつ人びとを意識して書かれていたからである。このように医学と哲学を分けて考えるのは、医学はガレノス、自然哲学はアリストテレスという大学教育の伝統のあらわれである。しかし、現実的なレベルでは、医学と哲学は密接に結びついていた。

医学と哲学の融合は、ガレノスからはじまったとも言える。ガレノスは、哲学理論と結びついて知的専門職として認められないかぎり、治療行為はいつまでも手工業の地位を抜け出すことができないことに気づいていた。中世になって、多くの内科医たちも同じことに気がつき、学生にアリストテレス哲学を履修《りしゅう》したあとで上級科目として医学を学ばせることで、医学を学術分野として成立させ、大学の教育課程に組みこんだ。それでも、ふたつの分野はべつべつの学問のままだった。医学は人間の健康と病気やけがの治療を研究する学問であり、自然哲学は自然界の構造、働き、目的を研究する学問だった。解剖学と生理学は、人の身体も自然の一部だからという理由で、自然哲学に組みこまれた。ハーヴィの本も、自然哲学に分類された。

『動物の心臓と血液の動きに関する解剖学的研究』は、いかにも大学で雄弁術や演習討議を身につけた者らしいと思える入念な構成になっているが、そのなかに、ほかにはない特徴がひ

EXERCITATIO
ANATOMICA DE
MOTV CORDIS ET SAN-
GVINIS IN ANIMALI-
BVS,
GVILIELMI HARVEI ANGLI,
Medici Regii, & Professoris Anatomiae in Col-
legio Medicorum Londinensi.

FRANCOFVRTI,
Sumptibus GVILIELMI FITZERI.
ANNO M. DC. XXVIII.

ハーヴィの『動物の心臓と血液の動きに関する解剖学的研究』の初版本。1628年にドイツのフランクフルトで出版された。当時のイングランドの学者は、ラテン語で書いた自身の学術書をイングランドでなくドイツやスイスで出版することが多かった。すぐれた印刷技師が多く、検閲がゆるく、ヨーロッパの本市場に近かったためである。

とつあった。実験手順の説明が、読者が想像しやすいよう、ものによっては自分で実際に試してみたくなるように書かれているのである。中世や近代初期に広く使われた外科学や解剖学の教科書は、人体各部の形状、位置、姿勢を描いた詳細な挿《さ》し絵をいくつも載せていた。それに対して、ハーヴィの本は、ひとつづきの四つの図を並べた挿し絵がひとつしか載っていなかった。

挿し絵の数を減らしたのは、よくよく考えぬいたうえでのことらしく、実験重視というハーヴィの意図をうかがわせる。ハーヴィは、いかに論理的でも、頭のなかだけで考えたことは、実際に目で見て手に入れた知識のたしかさにはおよばないと考えていた。これは、パドヴァ大学時代に熱心に読んだ動物の分類調査に関するアリストテレスの著作に書かれたアリストテレスの研究方法にならったものである。ハーヴィの本を読むときには、彼がした実験を実際に再現したり、頭で想像して「仮想的に」見たりして、実験の流れを丹念にたどらざるをえない。挿し絵がふんだんにあり、それをざっと眺めていればよいのでは、こういうことはしなくても済んでしまう。

では、なぜこの挿し絵だけは、あえて掲載したのだろうか。そこに描かれているのは、切開も生体解剖もせずに人間の腕を使ってできる、単純だが説得力のある実験である。まずひじより上のところで腕を止血帯でしばり、止血帯のきつさを調節することで、血液を腕から締め出

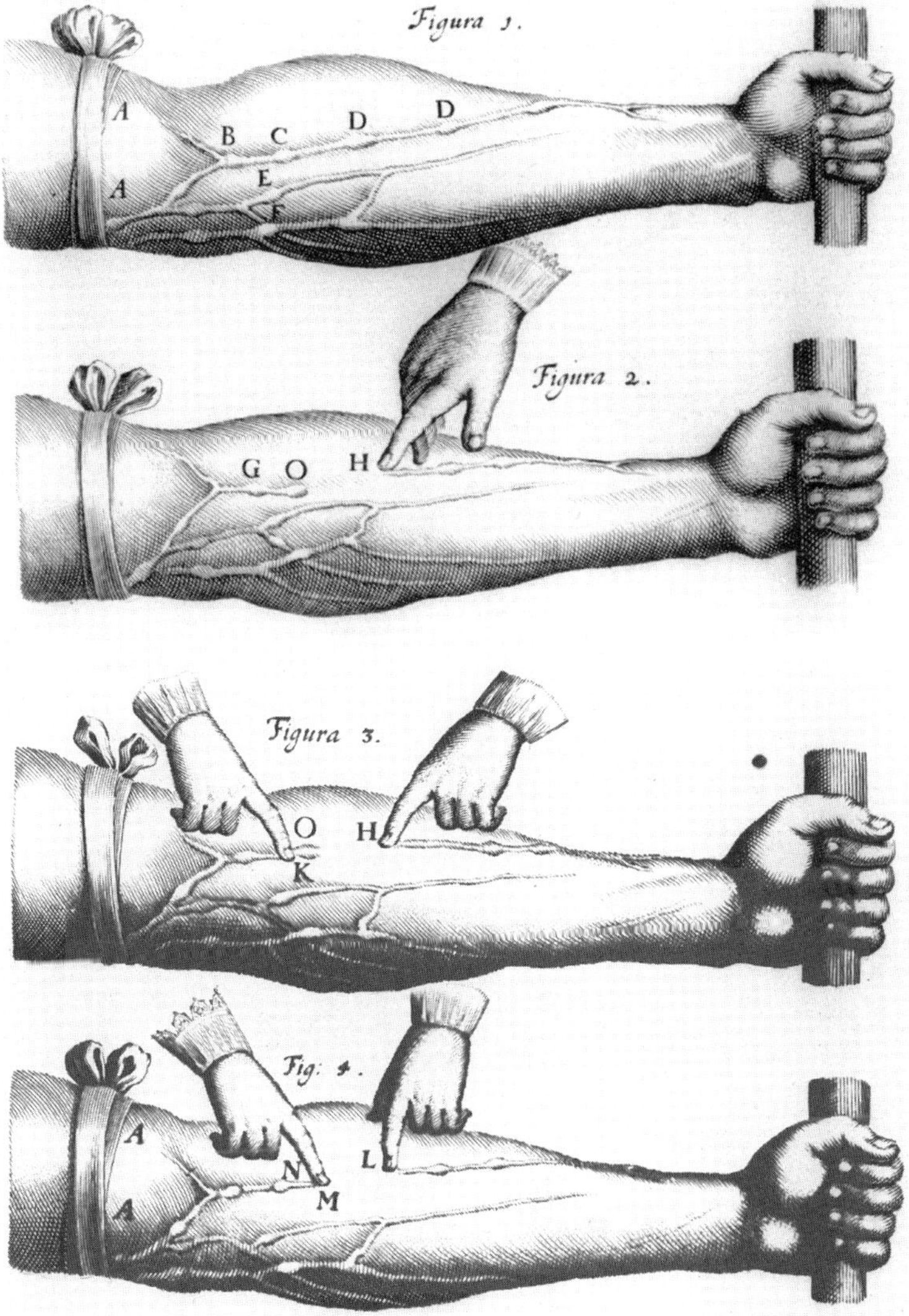

血液が動脈をとおって腕にはいり、静脈をとおって腕から出ることを示すハーヴィの止血帯実験の説明につけられた挿し絵。『動物の心臓と血液の動きに関する解剖学的研究』に掲載された唯一の図である。腕の放血処置をする内科医や外科医なら誰しもなじみのある手法を示すことで、この実験がかんたんにくりかえせることを示した。

したり、腕に充満させせて静脈をふくれさせたりできることを証明するものだ。じつはこれは、瀉血《しゃけつ》の準備として内科医や外科医がしていた処置だった。腕の静脈から血を抜く瀉血は、多くの症状に対しておこなわれるありふれた処置で、病気の予防措置としても推奨されていた。

つまり、この挿し絵を載せたのは、医者の誰もが、さらにおそらくは患者のほとんども身に覚えのある体験を思い出させるためだった。実際に見たこと、実際に体験したことに訴えかけるというこの特色により、ハーヴィの考えはヨーロッパ全土でくりかえし試されてもすたれることな

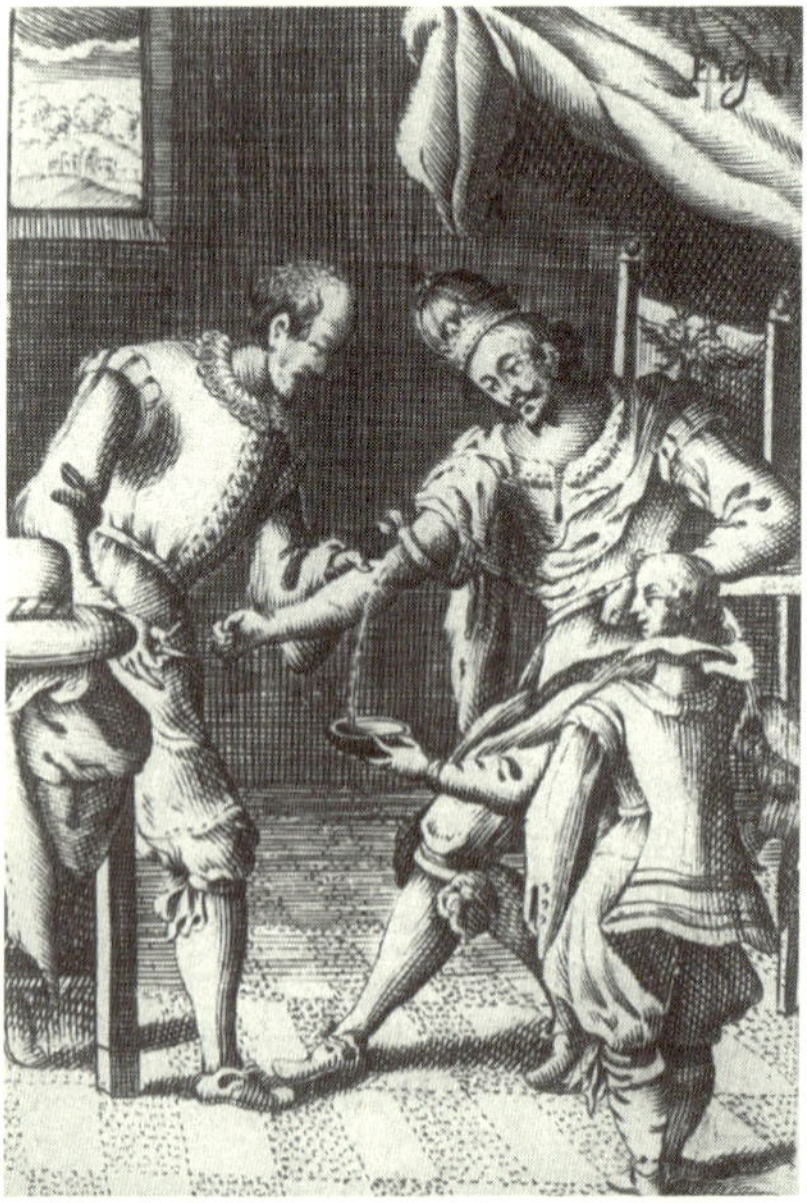

初期医学でもっともよくおこなわれた治療法のひとつである放血の様子。静脈を切開しておこなった。静脈切開、瀉血ともいう。放血は病気に応じて身体のさまざまな部位でおこなうことができるが、ひじ付近の静脈を使うことが多かった。外科医か理髪外科医がおこなうことが多かった。この図では見習いも描かれている。

く、彼の本は科学研究の方法を大きく変える教科書のひとつとなった。ハーヴィが実験を使ったことから、将来の「新しい科学」の胎動ははじまった。彼の手法は、一六六〇年代にロンドン王立協会とパリ王立科学アカデミーで実践され、一六九〇年から一七九〇年の啓蒙運動の時代には、ヨーロッパ各地の学術都市に誕生した数多くの科学協会でも実践された。

『動物の心臓と血液の動きに関する解剖学的研究』は一七の章からなる。各章はおおむねかなり短い。第七章までは、主題への導入と、心臓の動きと心臓に出入りする血液の動きの説明だけである。ところが、第八章になるとふたたび導入部に戻ったような書き方になり、ここからはじまる後半部で初めて、本題の循環説の話にはいる。そのため、前半部を書きはじめた時点では血液の循環をまだ思いついていなかったのではないかという疑惑が、後世の医学史研究家のあいだでもちあがることになった。たしかに、心臓を研究する過程で静脈の弁の構造をとっくり考えたり、一回の拍動で心臓が送り出す血液量に考えをめぐらしたりするうちに血液の循環を思いついたとも考えられる。一方で、最初に心臓の構造と動きを説明したあとに、心臓の用途と役割の説明にすすむこの本の構成は、議論を組み立てるうえで理にかなったものとも言える。

ファブリキウスは、人体のさまざまな部分の動きと用途を研究した。彼は、それまでの研究が各器官の位置、姿勢、形状に重点を置きすぎ、結果として各器官の働きが無視されていると考え、そこを見直そうとしていた。ハーヴィの心臓と血管の研究は、この師匠の研究をひきついだものであり、人間の他の器官の位置や特徴との関連だけでなく、動物全般との関連のなかで心臓の働きを調べることをめざした。ハーヴィは、比較解剖と生体解剖によって心臓と血管の機能をつきとめようとした。彼がよりどころとしたのは、ファブリキウスも重視していた、ある部分の機能はその部分の構造に対応するはずであるというアリストテレスの説だった。

この本では、最初に、心臓、肺、血管についての従来の生理学の説明に見られるさまざまな矛盾を指摘している。動脈と静脈は機能の異なるべつべつの系であるというが、それならなぜ、両者の末端部分は同じように見えるのか？　心臓の右側と左側——右心室と左心室——は同じ構造をしているが、それならなぜ、両者の機能がまったくちがうのか？　ガレノスの理論では、心臓の右側は肝臓から血液を受けとり、その一部をさらに肺へ送って肺に栄養を与え、そこにある弁は、肺へむかう血液が心臓に逆流するのを防いでいると教えている。一方、心臓の左側にある弁は、肺に戻る空気はとおさないが、煙様の汚気（心臓の発熱で生じる廃棄物）はとおし、肺から排出させるとされていた。

ハーヴィは、これらの説明には疑わしい点がいくつもあるとした。心臓の弁が、精気の逆流はさまたげるのに汚気の逆流はさまたげないということがありえるのか？　さらに、肺静脈の役割が肺と左心室のあいだで空気と汚気を運ぶことであるなら、そこに血液しかないのはなぜなのか？　じつはガレノスも、このことに気づいていた。イヌを生体解剖したときに、肺には空気があるのに、肺静脈には血液しかなかったのだ。さらに、肺静脈はどう見ても血管だが、血管が空気を運ぶというのか？　心臓の左側の弁は右側の弁と似ているが、なぜ両者の機能がちがうのか？　同じように、肺から心臓の左側につながる肺静脈と、肺から心臓の右側につながる肺動脈は、ほぼ同じ大きさである。にもかかわらず、肺静脈は空気を運び、肺動脈は肺に栄養を送ると、まったくちがう機能を想定するのは矛盾である。さらに、肺動脈の役割はただ肺に栄養を送るだけだというが、それだ

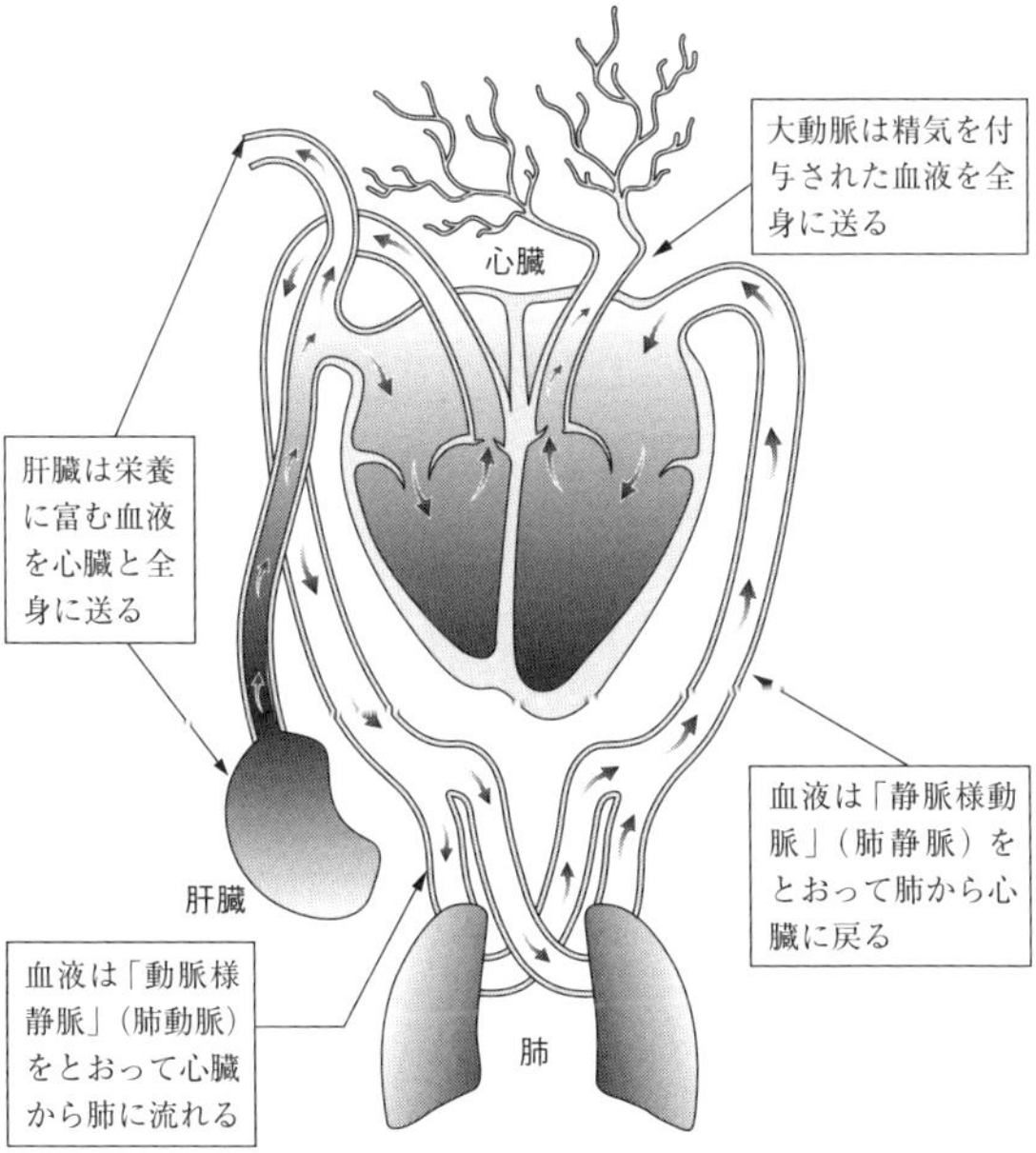
大動脈は精気を付与された血液を全身に送る
心臓
肝臓は栄養に富む血液を心臓と全身に送る
血液は「静脈様動脈」（肺静脈）をとおって肺から心臓に戻る
肝臓
血液は「動脈様静脈」（肺動脈）をとおって心臓から肺に流れる
肺

血液の肺循環の図。1559年にコロンボが描いたもの。肝臓でつくられた血液は、心臓の右側にひきよせられ、そこにある弁によって肺へ送られ、さらに心臓の左側に送られる。のちにハーヴィが血液が動脈から静脈に戻る理論を打ち立て、回路を完成させた。

けの役割にしてはなぜこれほど太いのか？　全身の他の部分は栄養を静脈から直接とっているのに、なぜ肺動脈は、肺に栄養を送るために心室をまるごとひとつ必要とするのか？

これらすべての疑問に対し、ハーヴィは、構造がちがえば、それに応じて機能もちがうはずだと仮定した。さらに、血液は通常、肺をとおらずに、左右の心室をへだてる壁にあいた目に見えない小さな孔《あな》をとおして染み出すように流れるとしたガレノスの説にも異を唱えた。理由はさておき、心臓の左右の心室が同じタイミングで拡張、収縮するのは明らかである。では、両方が同時に拡張したら、なぜ血液が一方からもう一方へ流れるのか？　これほど多くの未解決の疑問がある以上、心臓と血管をすっかり調べ直すべきだというのが、ハーヴィの出した結論だった。

各部の構造とそれぞれの機能を丹念に関連づけていくこの手法は、いつの間にかすたれてしまったアリストテレスやガレノスの研究方針に忠実に沿ったものだった。最初の七章でハーヴィが述べているのは、以下のことがらである。動脈の血液と静脈の血液は、本質的に同じであること。自然な状態では血液は静脈から右心室へ流れること。血液は肺を経由して心臓の右側から左側へ流れること。そして、心臓は、「収縮期」の状態のときに力強く収縮し、血液を動脈へ押し出すこと。心室が収縮するとき、動脈圧は最大の上昇を示す。これは、現在では「収縮期血圧」として測定される。第二の上昇は、現在の言葉では「拡張期血圧」と言い、両心室の上にあるふたつの小房——心房——の収縮によって起こる。心房の収縮により心室は血液で満たされ、拡張する（「拡張期」の状態）。この点でハーヴィの説明は現代的だが、一七世紀には、心臓の動きのこれらの側面はほとんど知られていなかった。

ハーヴィが登場するまで、心臓は収縮時ではなく拡張時（拡張期）に力強く動き、心臓の鼓動は拡張した心臓が胸郭にあたって起きると考えられていた。心拍と脈拍のタイミングが同じであるところから、心臓の拡張期は動脈の拡張期と一致する、つまり心臓と動脈はひとつの系として同時に拡張すると考えられていた。ハーヴィは、心臓は筋肉であり、他の筋肉と同様に収縮すること、心臓がぎゅっと収縮して血液を動脈に送りこむとき（収縮期）に、心臓の先端がもち上がって肋骨にあたること、動脈は心臓が収縮するときに拡張することを実証した。ハーヴィは、うなぎの心臓を摘出してみれば、心臓が何時間も拍動しつづけるのを見ることができる、また心臓が力強く収縮し、その後、弛緩《しかん》しながらふたたび拡張することもはっきりわかると記している。ハーヴィは、温血（定温）動物より心臓の動きが遅く観察しやすい冷血（変温）動物を使った。これも、比較解剖の有効性が証明された一例である。

さらに、血液が静脈をとおって心臓に流れることを説明するという問題もあった。筋肉である心臓と機械のポンプが似ているとはよく言われるが、ハーヴィものちにこの類似性をはっきり指摘している。しかし、なんの動力もなく血液が静脈をとおって心臓にむかって流れるということがあるのだろうか？　この疑問を予想していたのだろう、ハーヴィはつぎのような答えを用意していた。すなわち、人が体を動かしたときに、筋肉が細い静脈から太い静脈へ血液を搾り出し、最終的に心臓にむけて移動させるというのだ。さらに、ハーヴィは、心臓には血液をひきよせる力がもともと備わっているというガレノスの説を否定し、血液は本来適当な中心（心臓）にむかって流れるものであり、その中心から遠ざかるとき、つまり手足にむかうときには力をかけて押し出す必要があると主張した。

この手の哲学的説明は今日ではさすがに信用できないが、ハーヴィのころはありふれたものだった。とくに有名なものとしては、重さをもつ物体が「下向きに」落ちるのは、それがもともと宇宙の中心――アリストテレスによれば地球の中心と同じ――にむかって移動しようとするものだからであるという、アリストテレスの主張がある。アリストテレスによれば、地球は重いから、当然宇宙の中心である。これも当時は筋のとおった理論であり、真実だとされていた。

ガレノスの時代、古代後半（二世紀）には、人体の解剖はあまりおこなわれなかった。死者の体を傷つけることへの社会的、宗教的な考え方のためとみられる。ガレノスは、外科医としての仕事から多少の解剖学的構造の知識を手に入れることもできたが、その知識のほとんどは、何世紀も昔のアレクサンドリア図書館（プトレマイオス朝期のエジプトに建てられた）の解剖学者た

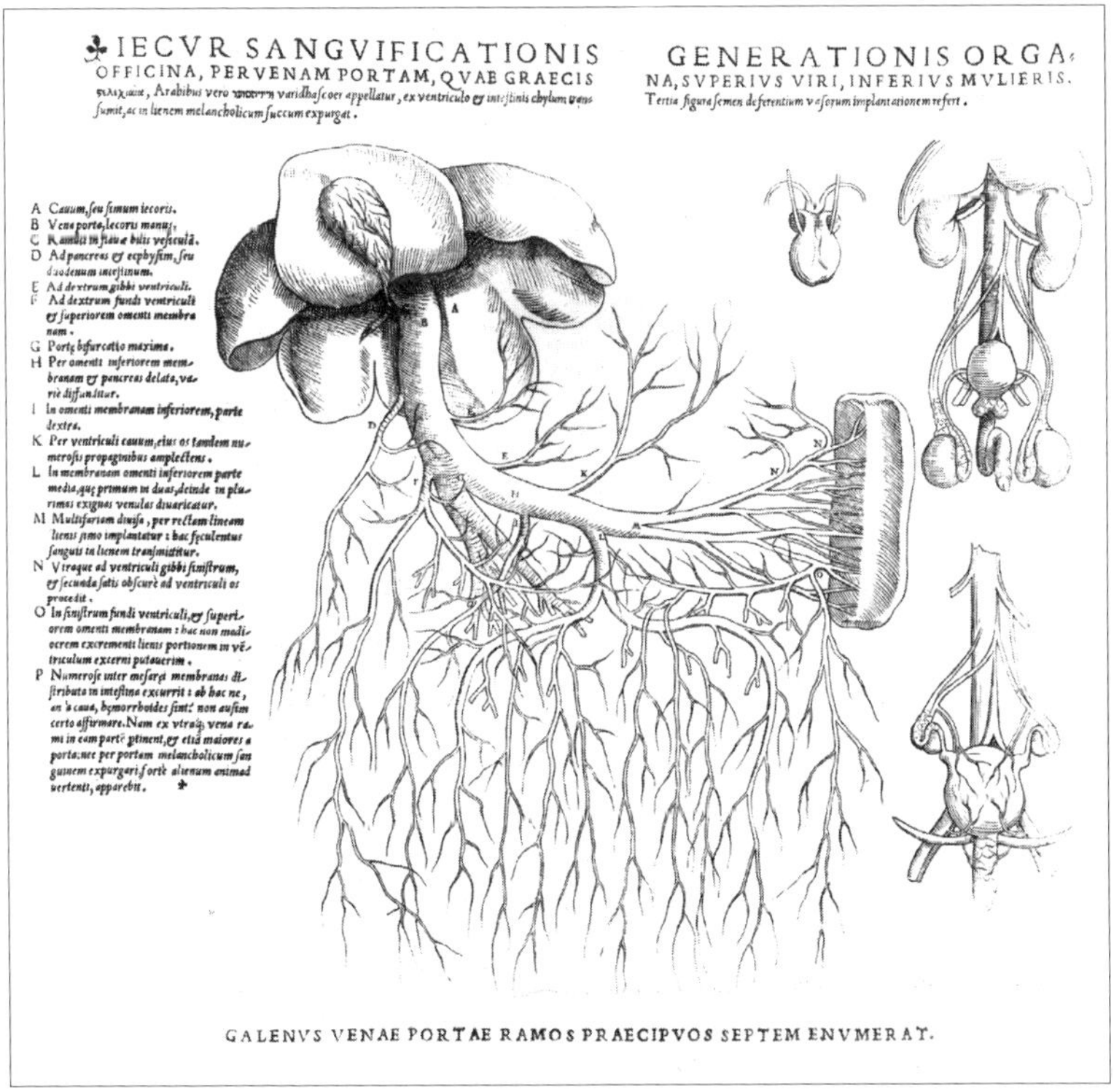

1538年にヴェサリウスは六つの解剖図を発表した。ここに示す一枚は、ガレノスが消化された栄養物を腸から肝臓（左上）に運ぶとした門脈を示している。栄養物は肝臓で血液につくりかえられる。ヴェサリウスは、人間の肝臓は五つの主葉をもつというガレノスの説明が誤りであることを知っていた。しかし、自分の方が深い知識をもっていたにもかかわらず、ガレノスの生理学理論を忠実に描写している。彼が抱いていたガレノスへの敬意がうかがえる。

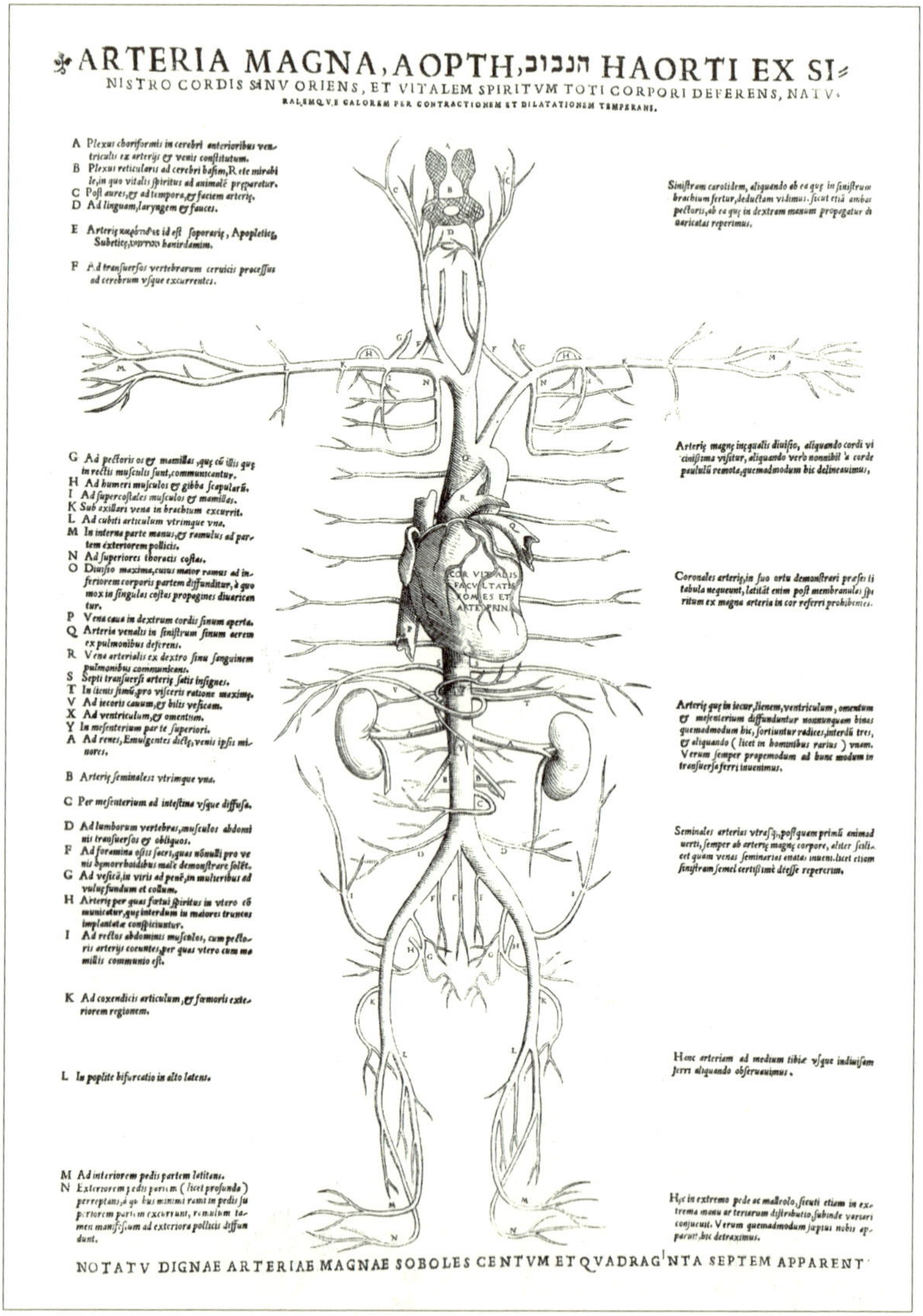

ヴェサリウスが1538年に出版した『六図譜』の一図。動脈系とそのおもな器官、心臓を示している。大静脈の一部が心臓の右側につながっている。怪網と呼ばれる頭部の動脈群は、脳に血液を送り、血液はその後濾過（ろか）され、「動物」精気を付与されると考えられていた。のちにヴェサリウスは、この構造は人間には存在しないことを明らかにしたが、ガレノス生理学を教えるために、この図をふくめる必要があった。

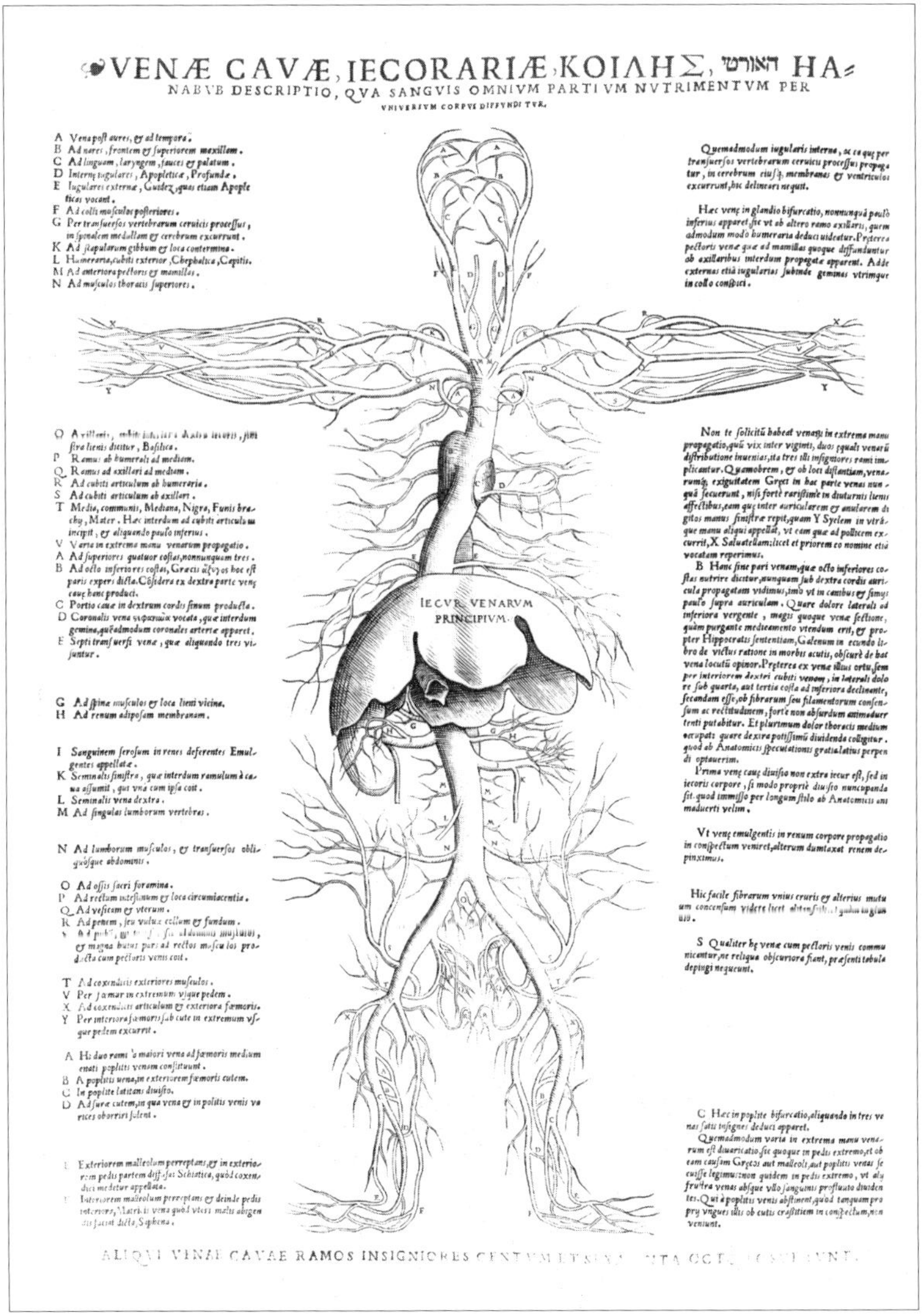

ヴェサリウスが1538年に出版した『六図譜』の一図。静脈系とそのおもな器官、五葉肝臓を示している。肝臓の下部から出る太い大静脈（中空の静脈）が、卵形の穴（肝臓の上にある）でつながる心臓と、全身ののこりの部分に血液を送る。

ちがのこした論文をとおして得たものだった。ガレノスは、イヌ、ヒツジ、ブタなど人間以外の動物や、見た目が人間に似ている猿などは解剖し、場合によっては生体解剖もした。ヴェサリウスの世代の学者たちは、ガレノスがヒト解剖学のモデルに動物を使ったために細かな誤りをいくつか犯していることにすでに気づいており、人体を丹念に解剖することでその誤りを正そうとした。

ハーヴィは、あらゆる種類の動物を調べた結果を利用した。彼の研究の目的は、人間に似た動物を見つけることではなく、あらゆる動物を研究して、人間のものに限らない一般的な器官としての心臓の働きを知ることだった。魚やうなぎ、はては小えびや昆虫などの微小生物まで拡大鏡を使って調べたところが、ハーヴィの研究の特徴だった。そして、複雑な動物とは多少形がちがうものの、それらの生物もまた心臓をもっていることをつきとめた。

ハーヴィは、人間より単純な動物をうまく利用し、血液は心臓の右側（静脈側）から肺をとおって左側（動脈側）へ流れるという「肺通過」の概念を確立した。これ自体は新説ではなかったが、血液が静脈から動脈へ、動脈からまた静脈へと体内を循環して流れていることを本の後半で本格的に主張していくうえで欠かせない概念だった。ハーヴィには、心臓の弁の配置と構造からして、血液がそれ以外の流れ方をするとは考えられなかった。右心室の出口と入口の弁は、漏れさえなければ、血液が心臓の右側を出て肺動脈をとおって肺にはいるようにできていたからである。

動脈と静脈は物理的に異なるという事実を確立したのは、ガレノスよりさらに昔の、アレクサンドリアの研究者たちである。動脈、とくに心臓近くの太い動脈は、その分厚《ぶあつ》さによって静脈と見分けられる。厚くできているおかげで、心臓から押し出された血液が流れこんでもその高い血圧に耐えられるのだ。ところが、肺動脈は、静脈網につながる心臓の右側とつながっている。この事実から、解剖学者たちは、肺動脈は見た目は動脈だがじつは静脈なのだと考えて「動脈様静脈」と呼んだ（ただし「肺動脈」という言葉が生まれたのはハーヴィの発見よりあとのことである）。反対に、肺から心臓の左側につながる静脈（現在の「肺静脈」）は、構造は静脈のそれだが、心臓の「動脈側」（左側）につながっているため、「静脈様動脈」と呼んだ。最後に、左心房と左心室のあいだにある弁と、左心室から大動脈への入口にある弁の構造からすると、これらの弁に漏れがないなら、血液は肺を出て動脈系に流れこむことになる。

ハーヴィは、ガレノスを引用し、あらゆる弁は流れを一方向にそろえるように作用する、さらに心臓の弁の向きを考えに入れれば、その流れの方向は、右心室から肺をとおって左心室へ流れる向きになると結論づけた。さらに、肺の組織は浸透質だと述べ、右心室は血液を肺に送りこむ役割しかはたさず、そのときに右心室が加える圧力によって血液が肺で濾過《ろか》されるのだと主張した。ガレノスは肝臓が栄養分を濾過して血液につくりかえると主張していたし、腎臓も血液中の老廃物を濾過するとされていた。こうした前例があったため、器官を多孔質――小さな孔がたくさんあいていて、そのため浸透質――であると考えることは、とっぴなことではなかった。おまけに、右心室の拍動によって圧力が加わると考えたことにより、そこにつながる「動脈様静脈」(現在の「肺動脈」)が動脈の構造をもつ理由も、ほかの動脈と同じタイミングで拍動する理由も説明できた。

ハーヴィは、人間の発達の研究から得た知見や、死産の赤ん坊、妊娠中に死亡した女性、自然流産した胎児の観察から得た知見も利用した。これらの遺体の多くは、聖フランシス病院をはじめとするいくつかの病院から提供された。聖バーソロミュー病院では、ハーヴィ自身が引きとり手のない死亡患者の検死をしていたため、そのときに遺体を入手することもあった。病院では、死因を究明するための検死解剖もおこなわれ、その際には内科医も外科医も人体の内部を観察することができた。聖バーソロミュー病院の付近には売春宿が多く、分娩中に死亡した人や死産してみずからも死んでしまった人の遺体をハーヴィが手に入れやすかったのは、そのせいもあったかもしれない。これらの女性は、ほかに生活の手段をもたず、身を寄せる家族もないことが多かったため、妊娠中は病院の世話になるしかなかった。

胎児の心臓には、ふつうは成長とともに閉じていく通路がある、ということはよく知られていた。この卵円孔《らんえんこう》と動脈管があるため、血液は肺をとおることなく心臓の右側から大動脈には

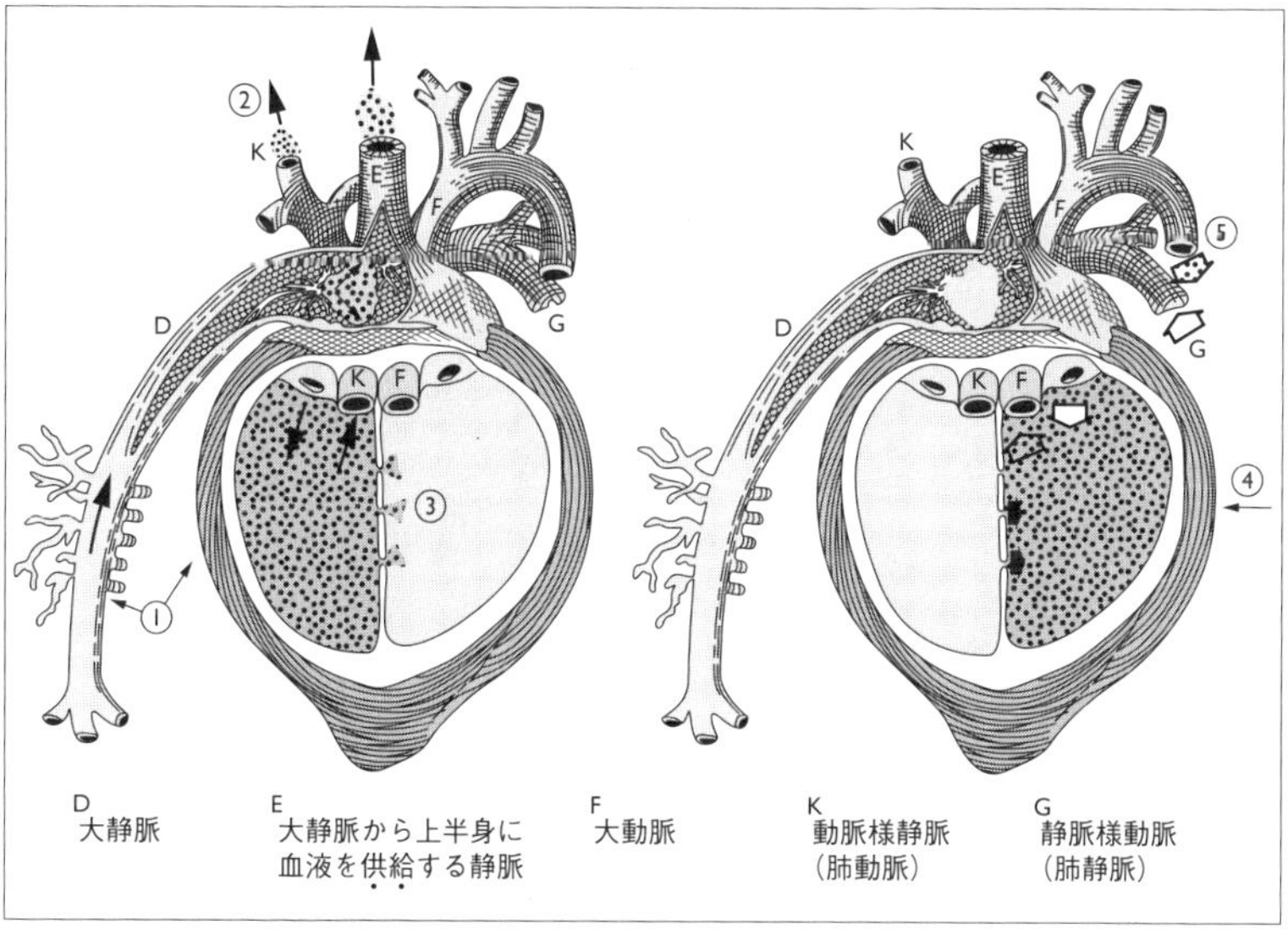

1651年に出版されたトマス・バルトリンの『改訂解剖学』に掲載された図を再現したもの。ガレノスによる心臓の動きの解釈を示している(上図左)。①血液は大静脈 D から心臓の右側にはいり、②弁 K をとおって肺へ流れる。③少量の血液が心中隔をとおって心臓の左側にはいる(上図右)。④左側で肺から送られる空気と混ざり、その後⑤弁をとおって大動脈 F にはいり、全身に流れていく。

いることができる。ハーヴィは、その理由を、生まれる前の胎児は血液を肺にとおす必要がないからだとした。このバイパス孔があるため、胎児の心臓は、ふたつの心室がひとつのものとして働く。この点で、人間の胎児は三心腔心しかもたない、魚など肺のない動物に似ている。

ここまで、ハーヴィの本は、過去の医学文献にないことはほとんど述べていない。ところが、第八章にはいると、新説——正常な状態では、血液は絶えず体内を循環している——が登場する。心臓が拍動するたびに膨大な血液が肺通過することについて考えているうちに、このことに気がついたのだという。これほどの血液が、いったいどこへ行くのだろう？ いったいどこから来るのだろう？ そう思って、心臓を出る血液の速度をざっと計算してみたところから、彼の循環説ははじまった。

ハーヴィは、静脈と動脈は、生理学的機能の異なるべつべつの系ではない、静脈は心臓にむかって血液を流す血管であり、動脈は心臓から遠ざかる向きに血液を流す血管であると定義して、循環理論の大前提を示した。見過ごしがちだが、この手順を踏んだことにより、読者はハーヴィの定めた条件で主張にアプローチせざるをえなくなる。そうして、いったん血液はこの向きに流れなければならないのだと定めてしまえば、あとの議論はなぜそうなる必要があるのかを示せばよいことになる。

第九章にはいると、ハーヴィは、先の前提から論理的にみちびかれる三つの命題を提示する。

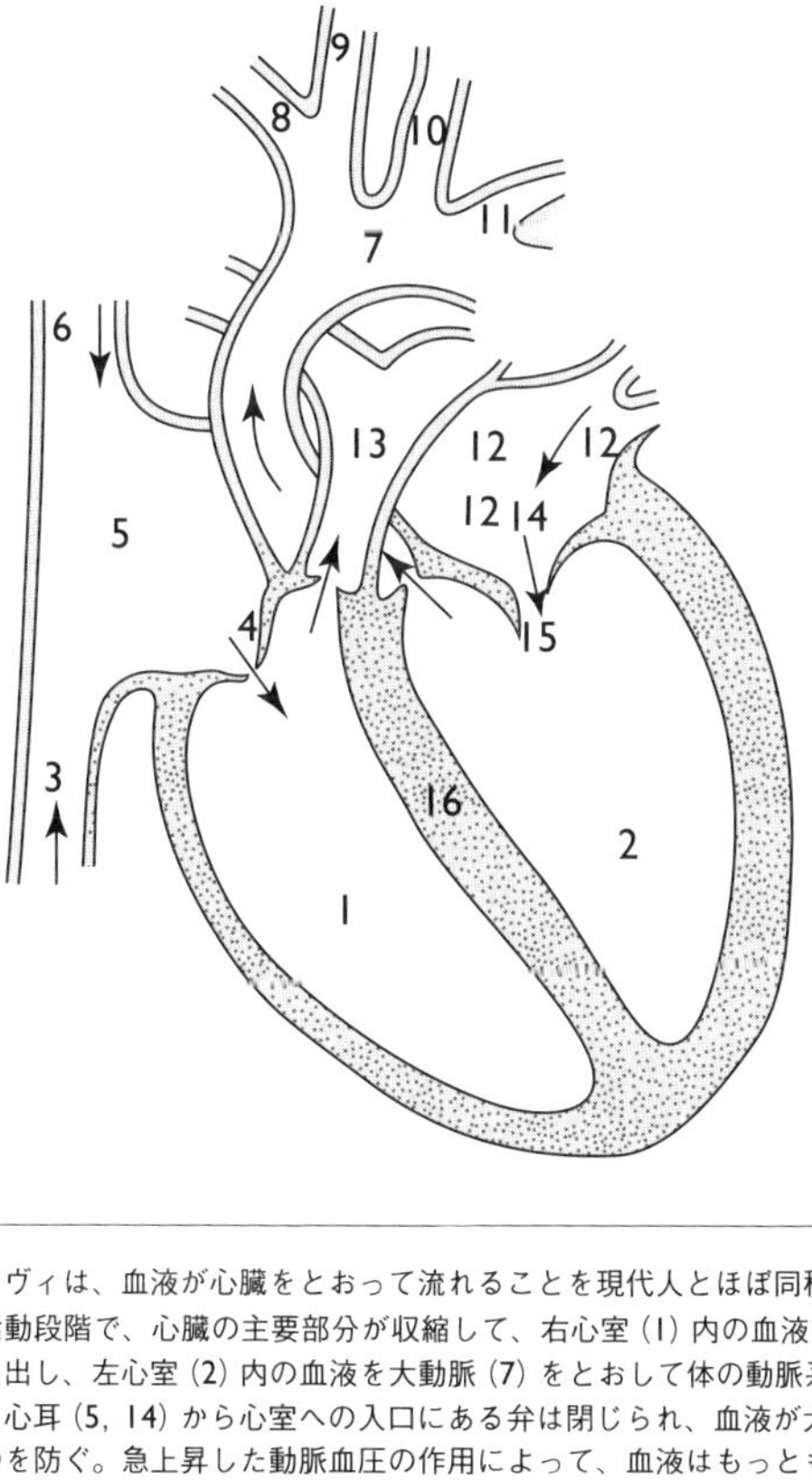

1. 右心室
2. 左心室
3. 下大静脈
4. 三尖弁
5. 右心耳
6. 上大静脈
7. 大動脈
8. 右鎖骨下動脈
9. 右総頸動脈
10. 左総頸動脈
11. 左鎖骨下動脈
12. 肺静脈
（以前の「静脈様」動脈）
13. 肺動脈
（以前の「動脈様」静脈）
14. 左心耳
15. 僧帽弁
16. 心室中隔

ハーヴィは、血液が心臓をとおって流れることを現代人とほぼ同程度に理解していた。収縮期と呼ばれる活動段階で、心臓の主要部分が収縮して、右心室（1）内の血液を肺動脈（13）をとおして力強く肺に押し出し、左心室（2）内の血液を大動脈（7）をとおして体の動脈系に押し出す。この動作が起こったとき、心耳（5, 14）から心室への入口にある弁は閉じられ、血液が大静脈（3, 6）と肺静脈（12）に逆流するのを防ぐ。急上昇した動脈血圧の作用によって、血液はもっとも細い動脈や体組織に流れこみ、そこから静脈にはいる。心臓が弛緩するにつれ、心耳（5, 14）が血液で満たされ、その後収縮して、ふたたび心室（1, 2）を血液で満たす（拡張期）。

これらは、いまの言葉で言うところの血流の「経済学」に関するものである。第一に、血液のこの流れと向きからすると、血液は静脈系に戻ることはできないため、心臓をとおる血液は、どこかべつのところからやって来るのでなければ、栄養分つまり消化された食物からつくり出されるはずである。第二に、血液は動脈をとおって心臓に戻ることはできないため、心臓を出たあとはどこかべつのところへ流れるのでなければ、体内で使いきられるはずである。第三に、血液は心臓から体内各部へ流れるときに静脈をとおることはできないため、静脈は、つねに体内各部から血液を吸い出して心臓に送っているはずである。

最初のふたつの命題の補足として、一回の拍動で心臓を出る血液の量（静脈から心臓にはいる血液の量でもある）をおおまかに、ただしかなり少なめに計算し、その結果も示している。ハーヴィは自身の説明を、読者がプロセスを頭に思い浮かべる思考実験だと表現しているが、それが実際におこなった物理実験にもとづいていることは、彼の言葉に見てとれる。「膨張した左心室にはどれくらいの血液がはいっているか想像してみましょう」と記し、つづけて「死んだ男性では、二オンス〔薬用単位。一オンスは約二八ミリリットル〕以上であることがわかりました」とある。論拠として、ハーヴィは、左心室が保持できる血液量は一・五から三オンスのあいだであると見積もった。ただし、彼の主張では、細かい数字は重要ではない。重要なのは、流れのおおよその規模である。

一回の収縮で心室内のすべての血液が吐き出されるわけではないことを考慮して、ハーヴィは、最低でも八分の一、おそらくは四分の一程度、量にすると最低一ドラム（八分の一オンス）の血液が一回の拍動で吐き出されると見積もった。これは、おおざっぱではあるが妥当な見積もりだった。この見積もりによれば、心臓が三〇分間に一〇〇〇回、二〇〇〇回、三〇〇〇回、あるいは四〇〇〇回拍動すると、心臓から動脈に流れこむ血液の量が全身の血液量を上回る。すべて推測ではあるが、まったく根拠がないわけでもなく、「ヒツジで試した」と記している。これほどの量になると、食物からつくり出して心臓へ送るのも、体の養分として使いきるのも、間に合わないのは明らかである。ハーヴィによれば、論理的に考えてたどりつく答えはひとつだけだという。血液は、どこかに流れつき、そこで破壊されるわけではなく、どこかでつくられ、そこから流れてくるわけでもない。つまり、血液は循環しているのだ。

このように血液の循環を強く主張したところで、今度は、血液が決まった向きに循環する仕組みを説明し、体内をめぐる血液の道すじを明らかにする必要がある。ここで用いたのが、ハーヴィによる最高の証明実験との呼び声高い実験である。この実験は、通常はさまざまな「結《けっ》紮《さつ》」実験のかたちをとる。結紮実験というのは、一本ないし複数本の血管を、血流の方向が明らかになるように選んだ位置で結紮する（きつくしばる）実験である。一例として、ハーヴィは、生きている動物の心臓の近くで大静脈を結紮して心臓に流れる血液を止め、その状態で動脈を切開すると、動脈系（と肺）の血液はなくなるが、静脈の血液はなくならない、と記している。

古代ギリシャの解剖学者たちは、静脈と動脈のあいだに吻合《ふんごう》というつながりがあると仮定していた。吻合はふだんは閉じているが、動脈が外傷を負うと開いて一方の系からもう一方の系へ血液を流すのである。人は、動脈か静脈かに関係なく血管にひどい傷を負うと、出血して死にいたることもある。ところが、自然死した死体を解剖すると、静脈には血液の固まりが見られるが、動脈にはほとんど血液がない。吻合はその理由を説明するためのものだった。自然死した死体を解剖したときの観察結果から、ガレノスより昔の古代の解剖学者たちは、静脈はふだん血液だけを流し、動脈は空気だけを流しているが、動脈が破れて空気が漏れると、血液が動脈に殺到すると考えた。ガレノスは、この仮説が誤りであることは見事に立証してみせたが、動脈は血液しか流さず、しかもその血液は静脈の血液と同じである、と結論づけるにはいたらなかった。

ハーヴィの実験は、血液が静脈から動脈へ――吻合をとおって――「逆流」できず、心臓にむかって流れるしかないことを証明した。多くの場合、死体の動脈には血液がないが、その理由については、自然死では、心臓が止まる前に肺がつぶれて肺通過ができなくなるため、動脈の血液は静脈へ押し出されるが、動脈には新たな血液が流入しないからではないかと考察している。さらに第一の命題を補足するために、ハーヴィは、もうひとつの実験を紹介している。

この実験では、生きている動物の大静脈を心臓から少し離れたところで結紮する。すると、結紮箇所と心臓のあいだの血液がなくなる。これで、血液が静脈から心臓へ流れこんでいることが証明された。

ハーヴィは、人の腕を使った止血帯の実験を読者に紹介し、静脈の血液が動脈から流れてきたものであると証明している。止血帯できつくしばると、外科医が手足を切断するときのように、腕に流れる血液をほぼ完全に止めることができる。それから少しだけ止血帯をゆるめると、腕がふくれあがるほど血液が流れこむ。これは、静脈を切開して患者の「過剰な」血液の放血処置をおこなう前に、内科医も外科医も必ずする処置だった。この現象が起きる理由について、従来は、止血帯で締めつけられて苦しくなった静脈が体中から血液をひきよせ、その結果腕がふくれあがるのだと説明していた。ハーヴィは、その理論では、血液が腕にひきよせられる理由は説明できるとしても、静脈内にふだん流れる以上の血液がひきよせられて膨張をひき起こす理由は説明できていないとした。そして、この膨張は、血液をひきよせるために起こるのではなく、心臓が血液を送り出すときの圧力のために起こるのだと説明した。こうして、静脈に流れる血液の出どころが動脈以外には存在しないことが決定的になった。

ハーヴィは、内科医が放血の止血帯処置に慣れていることに目をつけた。そして、止血帯をひじょうにきつくすると、動脈と静脈の両方が圧迫されて、腕に流れこむ血流も腕から流れ出る血流も完全に止まるが、止血帯をほどよくゆるめると、血液は腕に流れこむことはできるが、流れ出ることはできなくなると説明した。論理的に考えれば、動脈の方が静脈より深い位置にあるために、血液は動脈をとおって腕に流れこむことはできるが、静脈をとおって出ていくことはできないとなる。さらに、内科医なら誰しも経験していることだが、静脈を切開して放血したとき、血液は止血帯のむこう側（末端側）の静脈から流れ出る。その血液は末端から流れてきたとしか考えられないし、末端に行くには動脈をとおるしかない。

静脈は心臓にむかう方向にのみ血液を流すことによって体中の血液を吸いあげているという、循環に関する第三の命題を証明するためには、過去の解剖学者たちが発見した静脈の弁が、心臓から遠ざかる向きに血液を流さないことを証明する必要があった。これらの弁については、ファブリキウスがすでにさまざまな発見をしていたが、彼はガレノスの教えのとおりに、それらの弁は扉（と彼は呼んでいた）の役割をはたし、適当に開いたり閉じたりして心臓から遠ざかる血液の量を調節していると考えていた。それならば、すべての血液が下に流れて足が鬱血《うっけつ》することもない、というのである。ハーヴィは、師匠の説に異を唱え、その「小さな扉」は手足の静脈だけでなく、首の静脈にも見られるが、首ではその役割をはたせないと指摘した。ハーヴィは、さまざまな動物や人間の死体の静脈を何本も切開し、この小さな扉に金属製の探り針をとおしてみたところ、心臓にむかう方向にはかんたんにとおすことができたが、逆方向にはは力を入れてもとおせなかったと述べている。こうして、これらの扉が一方向にしか開かないことを証明した。

ここでふたたび、止血帯でややゆるめに締めつけた腕の話をもち出して、ハーヴィは、ふくれあがった静脈に結節がはっきり現われていること、そしてそれらの結節がじつは例の「小さな扉」であることを指摘している。実験に使うのは、少し前まで体を動かしていた——体温が高く脈がわかりやすい——痩せた男性の腕がよいとしている。そして、ふくらんだ静脈を一本の指で圧迫して片側からの血液の流入を止め、そのままの状態で、反対の手の指を使って、一本目の指の位置から止血帯側の隣の結節までの血液を押し出すと、二本目の指を離してもその部分に血液は戻らないが、一本目の指を離すと血液が戻る、と述べている。論理的にみちびかれる結論として、血液は、結節をとおって戻ることはできないが、「上流」からは容易に流れこむことができるとしている。この結節を、ハーヴィは「扉」ではなく「弁」と呼んだ。

ハーヴィは、この実験は短時間で一〇〇〇回くりかえすこともできる、そうすれば血液が循環することに「完全に納得」がいくだろうと記している。つまり、心臓には、少なくともふくらんだ静脈の一部から実験者が押し出した程度の量の血液は一度に送り出し、その拍動を三〇分足らずのあいだに一〇〇〇回くりかえす能力があると言っている。循環路をめぐるのでないなら、これほど大量の血液がこれほど短い時間のあいだにどこへ流れていくのだろう？　ハーヴィは、「道理」の観点でも（論理的に考えても）、「視覚」実験の観点でも（基本的に再現可能な実験を実際にその目で見ても）、循環は厳然たる事実であり、心臓が収縮期に力強く収縮することが血液を流す唯一の原因であるとしか考えられないと結論した。

　このように循環現象の存在を明らかにしたあとで、ハーヴィは、ガレノス生理学より循環説の方が合理的に説明できる観察結果をいくつか挙げ、心臓とその目的に関するいくつかの考察を示し、本をしめくくった。彼は、おそらくは心臓が生体熱を生みだす源なのだろう、そして血液がその熱を栄養分と合わせて全身に分

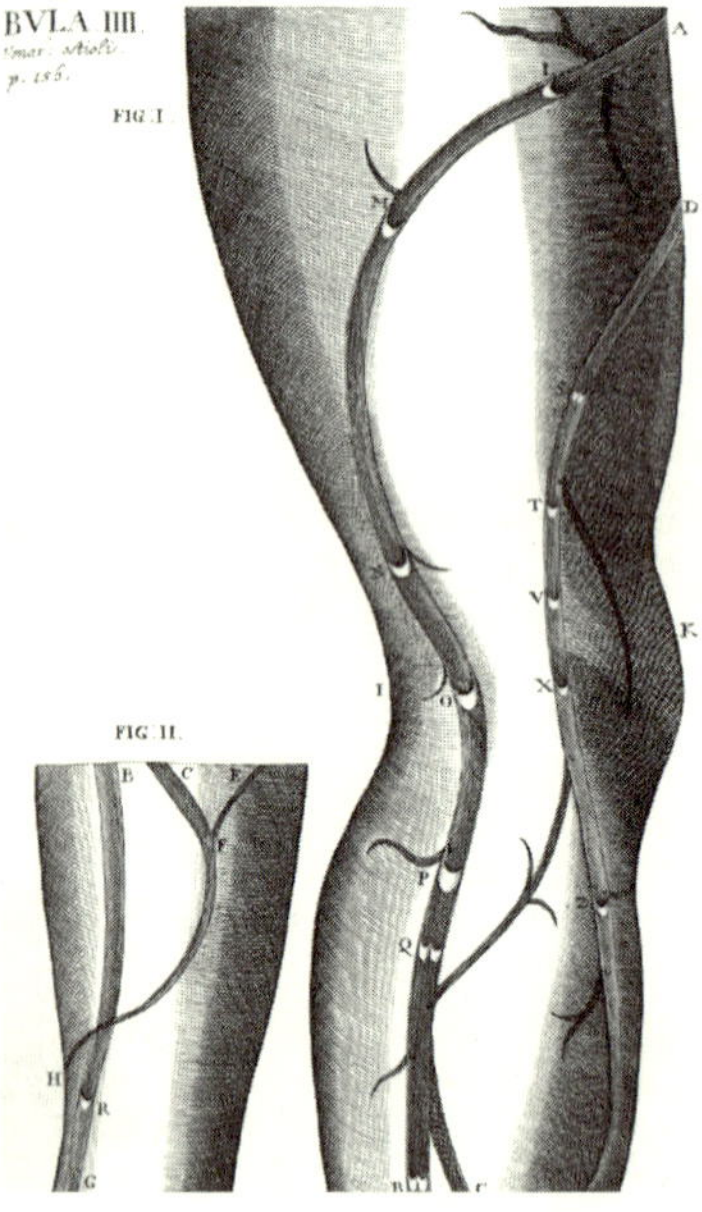

ハーヴィの師、ファブリキウスが1603年に出版した『静脈の小扉について』に掲載された図。人間の脚の静脈の弁を示している。ファブリキウスは、灌漑（かんがい）装置の扉のようにこれらの弁が血流を調節していると考え、1597年にこの考えを発表した。しかしハーヴィは、これらの弁が流れの速度ではなく方向を調節していると正しく理解していた。

配しているのだと考えた。循環は、それまで動脈系と静脈系がべつべつにしているとされていた役割をまとめてはたす。心臓は、その動きを生みだすただひとつの原因、つまり駆動装置なのだとハーヴィは考えた。

さらに、ハーヴィは、血液が全身を循環すると考えれば、身体の一部からはいった毒があるという間に全身にまわることや、身体の一部が病気になるとじきに感染が全身におよび発熱することなども説明できると指摘した。そのころは、身体の内部に効果があると考えられる薬剤を、外用薬として使うことも多かった。たとえば、カンタリスの粉末（ツチハンミョウ科の甲虫をすりつぶしたもの）には利尿効果があるが、皮膚に塗って使った。皮膚に塗った方が、口から飲むよりもゆるやかに吸収させることができ、危険が少ないと考えられていたのだ。循環理論は、一か所に塗った薬が離れた場所にある器官に素早く影響をおよぼす仕組みを解明した。これらの考察は、純粋な科学の探求の枠を超え、理論の実用の研究へとむかうものだった。『動物の心臓と血液の動きに関する解剖学的研究』は、後世の研究者の研究もこの方向へとみちびき、これによって、動物生理学と医学はその姿を完全に変えることになった。

肺循環

ガレノスが登場する数百年前、アレクサンドリアの解剖学者はすでに、心臓に弁があることを知り、その性質も理解していた。しかし、彼らの知識では、現在ではよく知られる血液を肺に流す肺循環にはたどり着かなかった。彼らは、空気や精気が肺から体内にはいると考えてはいたが、その精気を心臓に運ぶためには血液が肺に循環しなければならないとは考えなかった。

ガレノスも、心臓の弁に方向を決める性質があることは理解していて、血液の一部は心臓から肺にはいり、呼吸時に肺が縮む力によって「動脈様静脈（肺動脈）」からしぼり出されて「静脈様動脈（肺静脈）」に流れこむと結論づけた。しかし、彼は、心臓を静脈系の中心器官とは考えず、血液は肝臓でつくられ、心臓も他の部分とまったく同じように必要な分の血液だけをひきよせていると考えていたため、すべての血液が肺に循環するという結論にはいたらなかった。ハーヴィの理論を完成させるのに不可欠なこの考えに初めてたどり着いたのは、一三世紀のイブン・アン＝ナ

右心室から左心室に血液が流れる肺循環について初めて書かれたイブン・シーナーの『医学典範』の、イブン・アン＝ナフィースによる13世紀の要約の写本（年代不詳）。現在では、この初期の説明が16世紀のセルヴェやコロンボの説明につながったことを示す証拠はないが、そのような影響をおよぼしていた可能性はある。

フィース、そのつぎが一六世紀のミシェル・セルヴェとレアルド・コロンボだった。

イブン・アン＝ナフィースは、カイロで開業していたアラビアの医師である。彼は、死体を解剖し、心臓の右側と左側をへだてる壁（隔壁）は血液をとおさないから、静脈血を空気と混ぜ、心臓の左側でさらに精製するためには、静脈血は肺をとおらなければならないと結論づけた。彼はイスラム教徒で、アラビア語の記録をのこしていた。時期的にはちょうど地中海西岸や北ヨーロッパなどラテン語を使うキリスト教世界の学者たちがアラビア語の文献の翻訳をはじめたころだが、彼の研究がヨーロッパの学者たちに知られていたかどうかは明らかになっていない。

ミシェル・セルヴェは、パリ大学の医学生で、ギュンター・フォン・アンデルナッハの解剖学助手を務めていた。ギュンターはガレノス解剖学への関心をよみがえらせ、ガレノス派の伝統を、自分の助手を務めたアンドレアス・ヴェサリウスとセルヴェに受けつがせた。彼らは動物の生体解剖をした。セルヴェは、肺に流れる血液量が肺の栄養補給に必要な量より多いこと、心中隔には血液がとおれる孔《あな》のようなものは見つからないことを観察し、そこから、血液は肺に流れ、そこで空気を受けとったあとに左心に送られ、そこで精気を混ぜこまれた均一な動脈血につくりかえられるのだと結論づけた。

セルヴェは、聖なる気も肺をとおり血液を介して人体にはいると考え、一五五三年に『キリスト教の復活』のなかで肺循環に関する自説を発表した。セルヴェの本の宗教的考察は、カルヴァン派プロテスタントの指導者、ジャン・カルヴァンによって異端とされ、一五五三年、セルヴェはジュネーブで処刑された。その際、彼の異端信仰が広まらないよう、彼の本はほとんど廃棄された。そのため、彼の研究が多くの解剖学者に広く知られていたかどうかは疑わしい。同じ時代のマテオ・レアルド・コロンボのような影響力はなかったことはたしかなようだ。

パドヴァ大学の解剖学者だったコロンボは、そこで肺をつぶさずに生きた動物の胸を切開するヴェサリウスの技法も学んでいたかもしれない。彼は、一五五九年の『解剖学』で、医学研究の成果を発表した。これは、ハーヴィも、肺循環を裏づける証拠として引用した本である。必要量をはるかに上回る静脈血が肺に流れることを論拠としたイブン・アン＝ナフィースやセルヴェとちがい、コロンボは、肺から左心につながる肺静脈のなかに「動脈血」がはいっている事実は、血液が肺をとおり、そのときに空気と混ざると考えなければ十分に説明できないと主張した。

この三人の肺循環の発見は、ふたつの解剖学的事実を下じきにしている。ひとつは、心中隔にとおり道が存在しないこと。もうひとつは、心臓の弁が液体を漏らさず、右心から肺へ、肺から左心へという一方向にしか血液を流さないと考えることである。ただし、人間の死体を解剖して持論を展開したイブン・アン＝ナフィースに対し、セルヴェとコロンボは、人道主義的な医師たちがガレノスの解剖学手法への関心を復活させたこともあって、動物を調べて得た証拠を示した。

第三章　宮廷医として、学者として

一六二八年に『動物の心臓と血液の動きに関する解剖学的研究』を発表してからの二〇年間、ハーヴィは、ほとんど侍医としての仕事一色の日々を送る。そのあいだも、聖バーソロミュー病院に籍は置いていたし、医師会の仕事にもあいかわらず精を出していたが、しばしばロンドンを離れる国王に供《とも》を命じられることが増えた。結果、聖バーソロミュー病院の業務に支障が出はじめたため、一六三三年、たびかさなる不在の穴を埋めるために第二内科医を雇い、病院の人員構成を一新した。薬剤師には助手をつけ、外科医は内科医の下に配置した。こうして、ハーヴィを頂点にしたいっそう縦型の編成になった。

一六二五年の春にはジェームズ一世がこの世を去り、彼の息子、チャールズ一世があとを継いでいた。チャールズの妻、ヘンリエッタ・マリーは、フランスのルイ一三世の妹で、カトリックだった。ジェームズ一世は、あつかいがたい清教徒と少数派のカトリックの均衡《きんこう》をどうにか保つことができた。新たなチャールズ一世の治世では、新王妃はカトリックである。かりそ

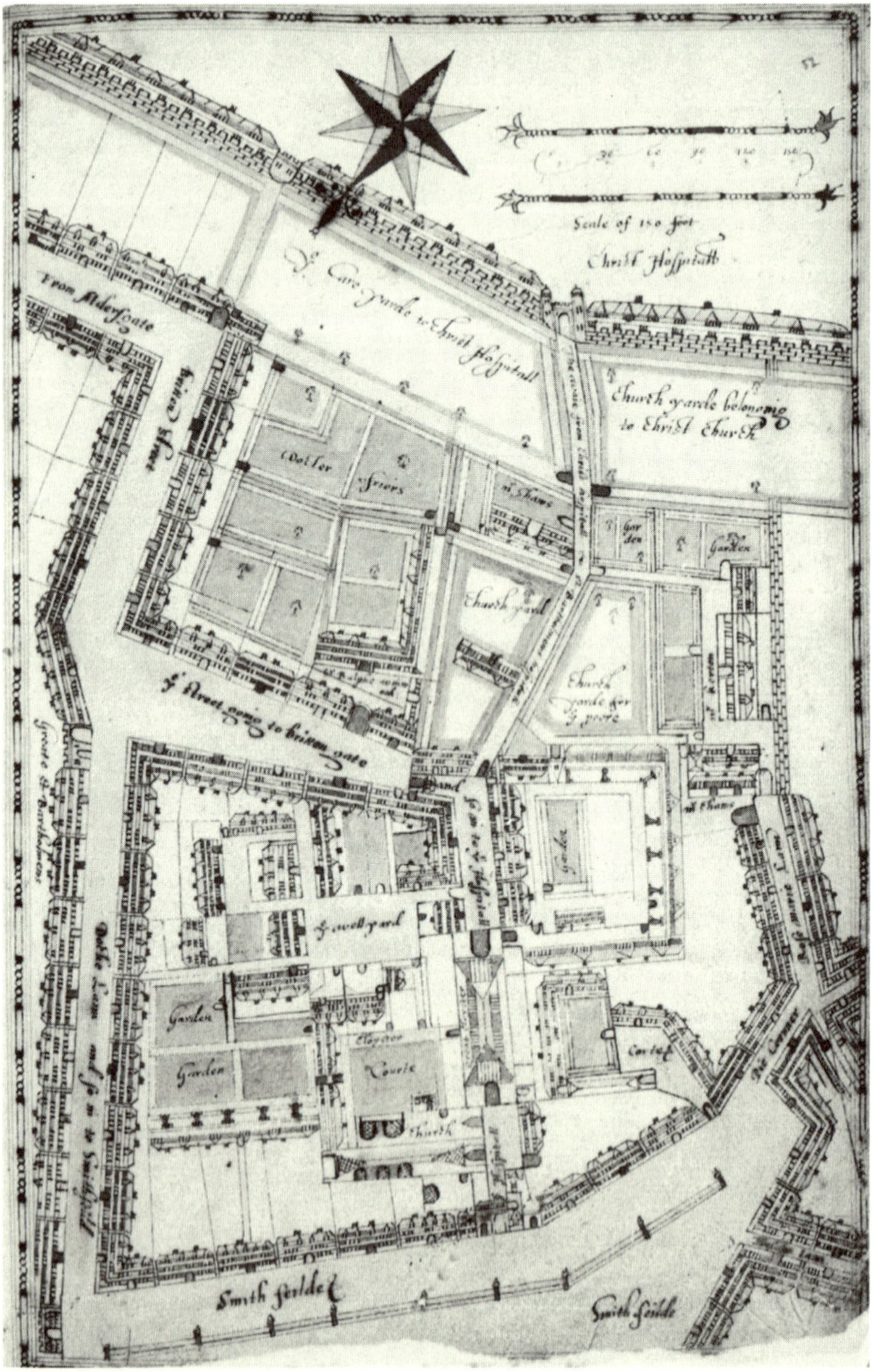

ハーヴィが勤めていた当時（1617年）の聖バーソロミュー病院を示す平面図。左下が北になる。中世の多くの病院と同じく、もとは修道院だった。修道院のひとつの境界だった市の城壁（いちばん上）のすぐ外側に位置していた。

めの平穏のなかで、これはひとつの脅威だった。

このころには、軍隊の維持も艦隊の整備も主導権は議会にあった。このころには、議会の圧倒的多数をプロテスタントが占めるようになり、その多くはロンドンを拠点に財を増やしつづける中流階級の都市商人、製造業者、産業界の有力者たちだった。彼ら実業家は、宗教でも外交でもしばしば国王と利害が衝突した。国王は、貴族の特権はそのままのこしたうえで、地方やカトリック教徒に多い貧民の税負担を減らそうとした。それは、生産と富の中心が農村から都市の商業、大資本の鉱業、製造業へ移った新たな経済秩序のもとで苦しむ人びとだった。

議会の画策によって王室の予算が容赦なく削られ、軍隊を動かすこともままならなくなると、チャールズはいっそうカトリック教徒に頼るしかなくなっていった。イングランドでもスコットランドでも、チャールズは多数派のプロテスタントからどんどん孤立していった。一六二八年にチャールズが議会を召集したとき、議会は、イングランド全土でカルヴァン派の信仰を強制する権利を要求した。チャールズはこれを拒否し、議会は休会した。それから一一年間、チャールズは、議会の承認を求めず絶対君主として統治をおこなう。清教徒側はいらだちをつのらせ、新大陸アメリカの植民地へ移住していく者もいた。

この政治的、宗教的な緊張がつづく困難な時期に、ハーヴィは、熱心な芸術作品の収集家であり、科学の支援者でもあったチャールズ一世に重用されるようになっていった。一六二九年の暮れに近いころ、チャールズは、レノックス伯のヨーロッパ外遊に随行《ずいこう》するようにハーヴィに命じた。これを受けて、ハーヴィは、医師会の収入役の二期目を務めることをあきらめ、聖バーソロミュー病院にも休職願いを出した。ハーヴィは、ヨーロッパを旅していたときに、チャールズの侍医に任命された。給料も三百ポンドに跳ね上がった。つまり、これまでの臨時相談医から、国王のかかりつけ医として正式に雇用されたのである。イングランドへ戻ったら、いつお呼びがかかっても応じられるようにしていなければならない。

一六三三年一〇月、ハーヴィは、国王の供《とも》でスコットランドへ行き、ロンドンに戻って来た。その二年後、彼はアランデル伯と親交をもち、一六三六年にチャールズは、ふたりを外交使節としてウィーンの宮廷に送る。ハーヴィは、そこから国王の命《めい》でイタリアのヴェネチア、フィレンツェ、ローマを訪れ、国王のコレクションに加える絵画を買い入れてまわった。当時の内科医は、旅をつうじて芸術の造詣《ぞうけい》を深めた目利《めき》きが多かった。

旅するあいだも、周囲の自然を調べたり、考えたことについて出会った学者と話したりする機会を逃《のが》すことはなかったようだ。一六三一年にレノックス伯とともに北イタリアを旅したときにイングランドへ送った手紙では、マントヴァ戦争——フランスと神聖ローマ帝国がイタリアの北の国境《くにざかい》にあるマントヴァ公国の支配権をめぐって争ったたたかい——で土地が荒れはて、解剖したくても動物がほとんど手にはいらないと嘆いている。アランデル伯といっしょに訪れ

父ジェームズ1世のあとを継いだチャールズ1世。イングランドとスコットランドを統治したスチュアート王家のふたり目である。イングランドを専制的に統治しようとしたが、議会派にはばまれ、大内乱を招き、みずからの死を招いた。

たドイツでは、高名な内科医であり教師でもあるカスパル・ホフマンを訪ねる機会を得た。ホフマンに循環理論を認めさせようと、ハーヴィは血液が一定方向に流れることを示す血管結紮《けっさつ》実験をはじめ、『動物の心臓と血液の動きに関する解剖学的研究』に述べた解剖実験をいくつかやって見せたものの、彼を納得させることはできなかった。

イングランドのチャールズ一世は、ハーヴィの解剖学者としての技量に感心し、解剖学研究の場をふんだんに与え、狩りで仕留めた鹿を解剖用に届けてやることもし

チャールズ1世に医学の説明をするハーヴィ。

ばしばだった。届けられる鹿は、年齢も死んだ季節もばらばらで、これらの鹿を研究することにより、ハーヴィは鹿の生殖と成長過程に精通していった。他のヨーロッパの君主と同じように自然哲学に興味があったチャールズにとって、解剖は娯楽のひとつでもあった。一六三九年に首席医がこの世を去ると、ハーヴィは首席医に昇格した。首席医になったハーヴィは、ロンドンのホワイトホール宮殿に無料の居室を与えられ、そこで食事をとることも許されたうえ、四〇〇ポンドという高給を受けとることになった。国王一家と同じ建物に住むことになったハーヴィは、王妃ヘンリエッタのかかりつけ医、ジーン・リオランとも顔見知りになった。リオランは、医学教授も務める一流のフランス人内科医だった。後年、ハーヴィは循環理論への批判に対して一度だけ公《おおやけ》に反論するが、そのときの相手が、このリオランである。

一六四〇年代にはいると間もなく、チャールズと議会の関係はいよいよ修復不可能なまでになる。このころには、イングランドのプロテスタントだけでなく、スコットランドをプロテスタント国家へと願うスコットランド国民も、チャールズの頭痛の種になっていた。彼らに押しきられるかたちで、チャールズは「彼の」スコットランド軍の統制権を実質的に失ってしまう。こうして、スコットランド軍がイングランドに攻め入って清教徒と手を組む不安に絶えず悩まされることになったチャールズは、イングランド議会を召集する。スコットランド軍に対してイングランド軍を動かし、せめてイングランドは自分の王国として防衛する資金を確保する望みをかけたのである。しかし議会は、チャールズがイングランド軍を動かしてスコットランドと一戦交えることを懸念し、資金供出を拒む。のみならず、政府と軍隊の統制権まで国王から剥奪し、一六四二年一月、ついにチャールズはロンドンから逃亡する。失意のチャールズは、この年のうちにノッティンガムへ行き、北イングランドの王党員を集めてみずからの軍隊を立ちあげ、ロンドン奪還《だっかん》をめざす。こうして、一六四二年八月、イングランドを議会派と王党派に二分した大内乱がはじまった。

宮廷の一員であり国王の忠臣でもあるハーヴィは、難しい立場に置かれていた。聖バーソロミュー病院の仕事があるため、ロンドンを完全に離れるわけにはいかないが、ロンドンは議会派にがっちり押さえられていた。国王派の会員が多い内科医師会もロンドンにあり、ひきつづきはじまった王党員シンパへの迫害に苦しんでいた。

市当局から重税を課された医師会は破産の危機に瀕《ひん》したが、会員のひとりが私財をはたいて医師会の礼拝堂と植物園を購入してくれたことで、かろうじて破産はまぬがれた。個人として王党員に共感し、立場としても首席宮廷医の地位にあったハーヴィが行く道は、国王にしたがう以外になかった。彼は、議会の命令を無視してロンドンを脱出し、ノッティンガムの国王のもとへ参じた。そして、大内乱で最初の大規模な戦闘があったエッジヒルで若い王子たちの治療にあたる役目を仰《おお》せつかった。このハーヴィの行動に対し、翌年、聖バーソロミュー病院は給料の支払いを停止する。そのとき、ハーヴィは国王とともにオックスフォードの本拠地にいた。議会は聖バーソロミュー病院に対し、ハーヴィの更迭《こうてつ》を命じた。

オックスフォードに滞在した四年のあいだに、ハーヴィは、オックスフォード大学のコミュニティと親交を深めた。一六四五年には、マートン・カレッジの学寮長（学生監）に任命された。この時期、君主制そしてイングランドにとっては悪夢のような数年だったが、ハーヴィにとっては少し自由に羽を伸ばせる時期でもあった。ロンドンの職は失ったが、国王の供をしなくてもよい時間は、学生に教えることも自分で

1645年から翌年まで、ハーヴィはオックスフォードのマートン・カレッジの学寮長を務めた。彼の執務室は右側の礼拝堂の奥にある。ハーヴィがした改革と彼の名声によって、1640年代、50年代のオックスフォードは、実験による解剖学と生理学の研究の一大中心地になった。

研究することも自由にできた。多くの親しい友人を得、ともに研究し、語り合った。

同じ内科医のジョージ・バサースト、チャールズ・スカーバラは一生の友になった。彼らとともに、鶏の受精卵が成長する様子をつぶさに観察し、動物の成長と生殖について研究した。これは、かつてファブリキウスもした研究である。のちにイングランド随一の建築家になるクリストファー・レンは、このころオックスフォードの医学生だった。ハーヴィは、彼とは筋肉の解剖学を研究した。

そのころ写本として出回っていた『動物発生論』をハーヴィが完成させたのは、あるいはこの時期のことかもしれない。おそらくは、臨床観察を重視しながら、昆虫とヒト生物学の研究もつづけていたのだろう。原稿はロンドンのホワイトホール宮殿の自室にのこしてきてしまったが、彼がそのテーマで本を完成させようとしていたのはまちがいない。ある意味で、この数年はじつに実り多い時期だったと言える。国王の供は頻繁《ひんぱん》にしていたが、遠出はそれほどなかった。ほとんどひとりで研究していたそれまでとちがい、ここではイングランドで指折りの科学者たちと協力するのも楽しく、彼らもまたハーヴィを尊敬した。

一六四六年、王党派は決定的な敗北を喫《きっ》し、チャールズ一世は変装して北へ逃れ、スコットランド軍に降伏した。自分はいまでもスコットランド王だと、イングランドの議会派から保護してくれることを期待したのかもしれない。オックスフォードは議会派の手に落ち、ハーヴィは職を失った。チャールズ・スカーバラや王党派の残党がスコットランドへむかうのに別れを告げ、ハーヴィは、ロンドンへ戻り、近郊にある弟の土地で暮らすことにした。

ハーヴィは、内科医師会に復帰し、ふたたび精力的に活動しはじめた。その年の後半には、スカーバラをロンドンに呼び、彼のために理髪師外科医組合に講師の職を用意し、彼が内科医師会にはいれるよう手配した。そのころ、チャールズ一世はスコットランド軍からイングランドの議会派へひき渡されていた。それから一年と少しあと、イングランド軍は議会を掌握《しょうあく》し、チャールズ一世を反逆罪で法廷にかけるように命じた。一六四九年一月、チャールズ一世は処刑され、宮廷医としてのハーヴィの人生にも完全に幕が降ろされた。

国王の処刑により、イングランドは新たな政治的危機におちいった。この時期にイングランドを統治した

処刑前に断頭台の上で最後の儀式を受けるチャールズ1世。このときはじまった不穏な空位期間は1660年までつづいた。

のは、大内乱のさなかに頭角を現わした清教徒のリーダー、オリバー・クロムウェルを頂点とする軍事独裁政権である。国王の死後数年間、イングランドにのこった王党派支援者は政治的弾圧に苦しみ、財力を削ぎ破産させることを目的とした報復的罰金を科されることもあった。ハーヴィにも、総額で二〇〇〇ポンドという桁はずれの罰金が科された。これは宮廷時代の給料五年分に相当する金額だが、どうにか納めることができた。

じつは、ハーヴィは、稼ぎはあちこちからあるわりに、ほとんどかねを使わなかったため、いつのまにか一財産できあがっていたのだ。何年も宮廷に無料《ただ》で住んでいたし、子どももいなかった。いまでは妻もなく（没年不詳）、自分で世帯を構えることはなく親戚のもとに身を寄せていた。

ひまを押しつけられた格好のハーヴィは、王立内科医師会のラムリー講座講師に復職し、人生の大半を費やしてきた自分の生物学の研究をつづけた。たまには開業医の仕事もしたかもしれないが、自身の健康には翳《かげ》りが見えはじめていた。この時期は、それまでの循環説や生殖、胎生、出産の研究により、解剖学や生理学の研究におけるハーヴィの影響力が彼の人生のなかでもっとも大きくなった時代である。生殖、胎生、出産の研究は、循環の発見に比べると革新性や重要性で見劣りしたが、内科医として、そして生物学者としてハーヴィがとり組んだライフワークとして無視できないものだった。ハーヴィだけでなく当時の人びとにとって、生殖、胎生、出産は、心臓脈管系の性質と同じくらい差し迫った問題だったのだ。

生殖はさまざまな理由で自然哲学者の関心をひいた。アリストテレスとガレノスは、生物学と医学の分野における古代の二大権威だが、有性生殖における雌雄《しゆう》の役割と、動物や人間の胚の発達順序については見解を異にしていた。ガレノスによれば、オスとメスがそれぞれ種を出しあい、肝臓に似た原始的な器官が最初に生まれ、胚はその器官から栄養を摂取して成長していく。アリストテレスによれば、子の形態はオスによって与えられ、胚は、その原始的な心臓に生まれつき宿る熱の力によって成長する。中世からハーヴィの時代までは、そのどちらを正しいとするかで学者たちは論争をくりひろげてきた。

アリストテレスの説では、メスはたんに胚が成長するための場にすぎず、熱と栄養供給に必要な媒介物質とを胚に外側から与えるだけの役割だった。さらに広い視野で、発生の性質、とりわけ死体や肥料の山から自然に生命体が生まれる可能性についても、議論はつづいていた。条件さえ整えば、ホムンクルスという人間のような生物を試験管で生みだすことも不可能ではないと言う研究者さえいたが、これには、おもな既成宗教がそろって醜悪《しゅうあく》で異端的であるという見解を示した。

国王に仕えていたころは、講師、解剖学教授、開業医、王立内科医師会の精力的な会員と多方面で活躍したハーヴィの生活は多忙をきわめ、執筆に割《さ》ける時間はほとんどなかった。もっとも、そのおかげで、解剖したり、患者の診察から得た知見を記録にのこしたり、仕事をしながら動物生理学について考えたりする機会に恵まれたことも事実ではあるが。ハーヴィは、一六二〇年代に、ラムリー講座の準備や講義をするうちにある程度考えがまとまったのを受けて『動物の心臓と血液の動きに関する解剖学的研究』を書きはじめたらしく、その後、循環説を思いついたのちは比較的短期間のうちに一気に書きあげたようだ。ハーヴィは、解剖をふくめさまざまな研究を記録するかたわら、ほかのテーマでも少しずつ原稿を書きはじめていたが、そのほとんどは、一六四二年にホワイトホール宮殿のハーヴィの居室を清教徒の議員たちが捜索したときに失われてしまった。

一六三〇年代にはいると、動物の生殖と発達の研究に関する執筆を開始した。この原稿は、ジョージ・エントという医者仲間が借りていったのだが、大内乱で宮殿が議会派の略奪に遭ったときに難を逃れることができたのは、そのおかげと考えられる。エントの強い勧めもあり、一六五一年に、ハーヴィはようやくこの研究を『動物発生論』というタイトルで発表する。同時に、子宮、胎盤、へその緒の解剖学に関する小冊子と、出産に関する小冊子もあわせて発表している。あと一冊、動物の筋肉とその動き方に関する論文も被害をまぬがれたが、これはハーヴィの存命中には発表されなかった。

宮廷から略奪されたのは、昆虫に関する論文と、いずれ発表するつもりでいたヒト病理学

（病気）の研究、そしておそらくもっとも痛かったのは、ハーヴィがみずから作成した症例集だった。この症例集は、内科医として、解剖学者としてハーヴィが長年にわたってこつこつ書きためた解剖や病気に関する膨大なメモをまとめたものである。これらのメモは、病理解剖学、つまり生体で診断した病気と死後解剖してわかった異常を関連づける研究のための材料だった。彼が思い描いていた研究をやりとげることができていたら、病気の人体への影響を研究する病理学の分野でもハーヴィは大きな貢献をしたことだろう。

　医学を学ぶ学生は解剖の実地講義に出席するように定められ、そのため中世後期には解剖学研究がさかんになった。この規則は、人体の知識を深めるうえでは大きな意味をもっていたが、内科病理学の分野では、その効果がすぐに現われたわけではなかった。その理由のひとつは解剖学者の哲学的傾向、もうひとつは解剖に用いる遺体の問題だった。解剖調査の目的が人体や人体各部の「基本形」、つまり理想的、典型的な構造をつきとめることであるかぎり、解剖した遺体にたとえ異常があっても、それはとくに重要視されない。当時の解剖の目的は、あくまで一般的な脾臓や腎臓がどんな見た目であるか——どんな特徴が脾臓を脾臓たらしめ、腎臓を腎臓たらしめているのか——を知ることであり、健康であれ病気であれ特別な脾臓や腎臓がどんな見た目であるかを知ることではなかった。

　中世の内科医が病理学に無知、無関心だったと言っているのではない。ただ、解剖学研究と

ジョージ・エントの勧めで1651年に出版されたハーヴィの『動物発生論』の口絵。王冠を戴いた男が“ex ovo ominia（すべては卵から生まれる）”と刻まれた卵を割り、そこからさまざまな動物が生まれ出ている。ものが腐るときに自然に発生すると長いあいだ考えられてきた昆虫もふくめ、あらゆる生物にはそれが生まれる卵が存在するというハーヴィの信念を象徴している。

いうひとつの体系のなかで、病理学がその目的とみなされていなかっただけである。一三世紀のイタリアでは、著名人が死んだときに、医師が検死をして毒殺か自然死かを調べていた。毒のなかには、特定の器官の変質や膨張をひき起こすものがあり、毒の種類を正確につきとめるには、そうした器官の正常な状態を知っていることが前提となる。しかし、ほとんどの医師は、個々の解剖学的変化がどんな病気によってひき起こされたのかまでは調べようとしなかったし、毎年おこなわれる大学の解剖講座で病気病理学の講義をすることもなかった。

公共の目的に利用できる、つまり解剖学の研究に使える遺体の特徴も、解剖学研究が新しい病理学に結びつかなかった理由のひとつである。これらの遺体の多くは、死罪で絞首刑に処された男（女はごくまれ）だった。断頭《だんとう》は特権階級用で、一般市民には絞首刑が用いられることが多かった。ハーヴィは著作のなかで、この処刑法による解剖学的影響について何度か触れている。

死刑の執行は、毎年の解剖に新鮮な素材を提供できるようにスケジュールが組まれることが多く、死体が長持ちせず、冷蔵技術が発明されるまでは保存も容易でなかったため、冬になるのを待っておこなわれた。現代人は野蛮に思うかもしれないが、ハーヴィの時代には、反逆罪など政府に敵する罪で有罪になった者を拷問《ごうもん》し、処刑したあとで、その遺体の全身ないし一部を公衆の面前にさらすことにもそれほど抵抗がなかった。解剖の授業に使うものをのぞくと、人間の遺体はなかなか手にはいらず、材料不足から埋葬直後の墓が荒らされることもあった。

半世紀ほどさかのぼった一五五四年、南フランスのモンペリエ大学に学ぶ医学生、フェリックス・プラッターは、土地の修道院の僧が管理する墓地に友人とともに侵入し、その克明な記録をのこしている。夜の闇にまぎれ、剣で武装した彼らは、埋葬されて間もない奇形の女性の遺体を盗みだした。数日してふたたび忍びこんだときには、顔見知りだった学生の遺体と小さな男の子の遺体を掘りおこした。町の城門にいる夜警に気づかれないように仲間のひとりの家に遺体をこっそりもち帰り、解剖した。骨格から組織を削ぎ落とし、骨を煮沸《しゃふつ》し、組み立て直して保管した。修道院側でも、このような墓荒らしに警戒して、油断なく墓場を警備していた。

フェリックスの逸話からは、みずからの手で解剖できる遺体を手に入れようとした当時の医学生がおちいったジレンマや、遺体を手に入れるためにここまでしたという当時の状況がうかがえる。これは一五五四年のできごとだが、ハーヴィの学生時代も状況は似たようなものだった。解剖ができるのは、当局が犯罪者の遺体を予定の公開解剖に提供した場合、死因に疑いを抱いたかねもちがそれをつきとめたいと思った場合、病院で死亡したが埋葬を申し出る肉親がいない遺体（貧民に多い）が手にはいった場合くらいだった。

研究に用いるのは死刑囚の遺体であるため、必然的に女より男が多く、老人は少なく、幼児や子どもはまずありえなかった。一般に、重病の患者もいなかった。これらの遺体は理想的な

エリザベス1世の時代の1565年に政府から発行された許可証。王立内科医師会に対し、絞首刑の罪人を毎年4人解剖実演に使うことを認めたもの。この許可証のおかげで、執行のスケジュールを調整できたため、中世後期の医学校では、解剖に適した季節に新鮮な死体を手に入れることができた。

解剖学的形態を見るには適していたが、出産に関する問題や、成長の初期段階に起こる異常、病気が特定の器官に与える影響などは、いっこうに理解が深まらなかった。

だが、おもに貧困層を診る病院に勤めていたり、個人的な検死に立ちあう機会があったりする都市部の医師は、解剖学的異常や婦人科医学に関する知識も多少は得ることができた。彼らの研究により、一六、一七世紀には、高度な外科論文も書かれている。一五三六年には、マッサのニッコーロが、ハーヴィも参考書として使った『人体解剖学入門』を発表した。しかし、おもな教科書や授業では、依然として正常な解剖学的構造の話しかあつかっていなかった。

書物や公開検死をつうじて正常な解剖学的構造を提示することは、医学以外のもうひとつの目的のためにも好都合だった。聖書の教えでは創造主（神）がみずからの姿に似せてつくったとされる創造物（人間）を調べることにより、人間であることの意味や、神の本質を深く理解する方法を、キリスト教徒が哲学的、宗教的に考えるのに都合がよかったのである。ハーヴィの著作はそうした宗教的思索をまったくふくまないが、近代初期や、一九世紀にはいってだいぶ経ってから発表された医療文献にも、こうした宗教的思索はよく見られる。

ハーヴィは、ラムリー講座の関係で、そしておそらくは聖バーソロミュー病院の業務でも、あらゆる種類の解剖を幅広く経験していた。講師を務めた年数と、著作に見られる具体的な検死結果の数から判断すると、死刑囚の全身解剖は最低でも四〇回におよび、検死解剖の回数は一〇〇回をゆうに超えていたと見るのが妥当だろう。解剖した遺体のなかには、彼の父親や妹、友人、宮廷とつながりのある貴族などもふくまれていた。

宮廷医の職も、ふつうではなかなか得られない機会を与えてくれた。たとえば、宮廷にいたころ、ハーヴィは、モンゴメリー子爵の長男が左半身に負ったばかりの傷を診察したことがあった。傷口が開いていたため、そのなかに手を入れて脈打つ心臓に触ることができた。そして、『動物の心臓と血液の動きに関する解剖学的研究』でまさに主張した、心臓の収縮と動脈の拍動のタイミングが同じであることに気がついたのである。一六三五年には、国王に呼ばれてトマス・パーの診察もした。当時一五二歳だったと伝えられるこの男は、国王を楽しませるためのちょっとした奇人変人として宮廷に連れて来られた。一七世紀の多くの王子や裕福な紳士と同様、チャールズ一世も、自然が生む偶然の産物や異常なものに興味があった。パーの場合は、長生きであることに加えて精力の絶倫ぶりも興味の対象になった。伝えられるところでは、彼は、一二二歳で二度目の結婚をしたあとも、性的に衰える気配を見せなかったという。

パーはロンドンで数か月すごしたが、この生活はこの老人には負担が大きすぎ、彼は死んでしまった。ハーヴィの検死報告から、検死の手順がある程度わかる。まず、身体を外からざっと調べた。ハーヴィは、死ぬ少し前のパーを診察しており、その際に顔色が悪い（赤紫色、心臓の疾患を示す）こと、呼吸困難を患《わずら》っていることに気がついていた。それで、まずは開胸し、肺と心臓を調べた。肺には血液がたまっていた。この症状は、肺炎というハーヴィの診断と一致していたので、彼は、パーの死因をそれによる窒息死と考えた。ところが、パーの肺を洗浄してみたところ、肺は健康な乳白色をしていた。心臓の方も「かなり脂肪がついている」ものの、健康で頑丈そうに見えた。

つぎは腹を調べた。腸、胃、腎臓、膀胱、腸間膜、結腸、肝臓、胆嚢、脾臓はおおむね健康だった。腎臓の片方に小さな水様の膿瘍がいくつかあること、脾臓がやや小さめであることをのぞけば、異常は何も見つからず、腎臓や膀胱に結石ができる兆候もないと記している。尿路結石は、近世初期のヨーロッパ、とくに上流階級に多かった病気で、貧しい者には手の届かないワインや肉をふだんの食事でとりすぎるせいとされることもあった。ハーヴィが下したトマス・パーの検死結果はつぎのとおりである。「体内のすべての器官は、一言でいえばまったくの健康であり、生活習慣が乱されることがなければ、もう少し長生きできただろう」。

パーの死因は、簡素な生活から引っぱり出して都市や宮廷の不健康な環境に放りこんだことだとハーヴィは結論づけたわけだが、これは、ひとりの医師から雇い主への、贅沢が健康におよぼす影響に関するたんなる個人的な勧告ではない。それは、紀元前五世紀のヒポクラテスの教えに端を発する古典的な医療食理論だった。ヒポクラテスや彼の弟子たちが著わしたヒポクラテス派の論文は、ハーヴィの時代にもすぐれた医学文献として評価されていたが、彼らもやはり、バランスの悪い食生活や環境的要因が多くの病気の原因になるとしていた。

　ハーヴィは、パーの腸が、いかにも田舎の粗食に慣れた男らしく頑丈で健康であることに気がついた。ハーヴィは、パーが死んだのは、ロンドンに移ったあとの生活習慣の変化のせいだと考えた。ロンドンでは、栄養価の高い食事をとっていたことに加え、「燃料の硫黄石炭を燃やしたときに出る煙はもちろん」(ハーヴィの弁)、ごみや残飯が分解されるときの悪臭に染まった汚い空気も吸っていた。陽光明るい空気の澄んだ田園から

チャールズ1世（右端）の前でトマス・パーの検死をするハーヴィ。彼の異常な高齢と健康の噂は王を魅了した。

こんなところへ連れて来たせいで、この老人は死んだのだ。

トマス・パーのケースは、ハーヴィが書いた検死記録が失われず、最終的に出版にまでこぎつけた点は例外的だったが、検死のすすめ方に関しては、他のケースとほぼ同じだったと考えられる。こちらで脾臓の膨張に気づいては、あちらで肝臓のがんに気づくというやり方である。こうしたデータの収集は、人の身体に起こる種《くさ》ぐさの病気と病理学的変化を関連づけるうえで重要な第一段階だった。だが、仮にハーヴィが論文や症例集を発表していたとしても、病理学に真の革新が起きるには、病気の正体やその発達過程に関するさまざまな理論に照らして体系的なケース・スタディを評価できる時代を待たなければならなかっただろう。一八世紀後半や一九世紀になっても、そんな時代は訪れなかった。

ハーヴィの病理学の研究は出版にいたらなかったが、動物の発達に関する本は一六五一年にようやく出版された。この本を読んだ世代の医学者たちは、すでにハーヴィの循環説に触れており、循環説を受けいれた者は、旧来のガレノス生理学の崩壊にうまく対応しはじめていた。新しい研究がつぎつぎに生まれるなかでは、胚の発達に関するハーヴィの考えはさほど目新しくはなかったが、もっと早く実際に思いついたころに発表していたら、物議をかもしたことだろう。

ガレノスもその後の医学著述家も、ほぼ医学とヒト生物学にしぼって研究や観察をおこなっていたため、生物一般の発達については、中世の大学では大きな見解の相違は存在しなかった。しかし、人間の生殖や胎児の発達の話となると、議論は尽きなかった。白熱した議論の背景には、医療の介入や中絶の是非の判断に影響をおよぼす、現代とまったく同じ哲学的、宗教的、法律的問題があった。発達段階の人間の本質とは何か？　胚はいつ不滅の魂（中世や近世初期のヨーロッパではそういうものが存在すると考えられていた）を受けとって人間となるのか？　その魂は、人の身体のどこにあるのか？

ハーヴィは、アリストテレスにならい、同じ日に産み落とされた卵をたくさん集め、それを毎日ひとつずつ解剖して、鶏の胚の発達過程をつぶさに調べた。ガラス容器に湯を張り、そこに卵の中身を浮かべ、最初に現われる動きの徴候、つまり生命の徴候が、脈打つ赤い小さな血の点であることに気づいた。血の点は、ふくらんだときは目に見えるが、縮んだときは見えなかった。この血の点が成長して、小さな心臓のような構造になり、その周りに血管の網ができていった。アリストテレスも同じ現象を観察しており、その観察結果から、心臓は胚の芽、つまり他のどの器官よりも先に発達する第一の器官である、と結論づけた。ハーヴィの言葉を借りれば、心臓は「最初に生まれ、最後に死ぬ器官である」。この観察結果は、心臓は人間の感情の中心であり、人間それじたいの中心でもあるという古代からつづく考え方にも合っていた。

こうして観察された小さな血の点（ハーヴィは「動悸点」と呼んだ）の存在と、それを「心臓の芽である」としたアリストテレスの解釈は、人間の発達の観点から見てもヒト生理学の観点から見ても、ガレノスの理論とは相容れないものだった。ガレノスは、発達には栄養が必要であり、栄養を供給する器官は肝臓だと考えていた。肝臓が、半消化状態の栄養分を吸収して、それを静脈血に変える。そして、その静脈血が静脈を流れて、胚に、またその成長した姿である人間に、成長や生存に必要な栄養を与えるのだ。だから、肝臓が、あるいは造血機能をもつ何らかの原始器官が、それ以外のすべての器官より先に、あるいは遅くとも同時に、発達していなければおかしいのである。アリストテレスの発生学により、ハーヴィをはじめ研究者たちは論理的ジレンマにおちいった。心臓に送る血液をつくるために肝臓が必要なら、どうして肝臓より先に心臓や血液が出現するのか？　心臓をふくむ他のどの器官より先に肝臓が生まれるとするガレノス生理学と、最初に観察される器官は心臓であると主張するアリストテレスの発生学を両立させるただひとつの方法は、じつは心臓より先に肝臓が生まれているが、目に見えていないのだ、と仮定することだった。

しかし、ハーヴィは、目に見えないもののことばかり考えても仕方ないと思った。宗教紛争の時代にも、彼は生物の形態が神の知性の作用をどう反映しているかなどはほとんど語らなかった。ハーヴィは確固たるアリストテレス派だったが、アリストテレス派で究極の意義をもつ、物事の最終的な原因や目的については語らないことが多かった。物質、空間、運動の性質に関する形而上学的理論全盛の時代に、ハーヴィは、自分の目に見えること、実験で検証できることと、観察結果から合理的にみちびき出せることを書くことを好んだ。むろん、ガレノス派が主張した、人体は何らかの精気をとりこんでいるという考えはまったく認めていなかった。ハーヴィは、精気とは、人体から切り離せないもの、食べたり吸ったりして人体にとりこむことができないものだと考えていた。

ハーヴィは、精気すなわち魂はひとつしかなく、それが人が誕生する前に血液にはいる、もしくは血液自体が精気なのだと考えた。つまり、胚の初期段階に見える「動悸点」は、心臓ではなく血液だとした。そして、血液は、胚ののこりの部分——まずは心臓、それから肝臓その他の器官——を生みだすのに必要なすべてを備えているとした。呼吸は出産後もしくは孵化《ふか》後に開始されるので、肺は形成時期が遅く、活動開始はさらにあとになるため、肺は胚生理学では役に立たない。したがって、胚が生きるうえで、何らかの精気ないし生命力を空気中から吸いこむ必要がないことは明らかだった。鶏卵の調査でも、卵の外側からはあまり空気を吸いこめないことははっきりしていた。妊娠した鹿を調べても、胎児の脈管系と母親の脈管系のあいだに、胚に精気を送りこめるような直接のつながりはなかった。これらの観察結果を総合して、ハーヴィは、呼吸の役割はただひとつ、血液を冷ますことだと結論づけた。論理的だが、この結論はのちに誤りであることが判明した。

発生学理論の常として、ハーヴィの理論も、呼吸と循環の理解に大きな影響を与えた。いちばん先に血液が生まれると言うハーヴィが正しいなら、循環に限らず心臓の解剖学についてもガレノスは誤りということになる。動物の生命、生命力、魂の本質は血液に存在すると言うハーヴィが正しいなら、血液は身体を構成する四つの流体のひとつにすぎず、健康状態は四つの流体のバランスによって決まるというガレノス式治療法を正しいとすることはできない。ハーヴィは血液こそが生命だと言うが、血液自体の本質が成長をもたらす何かであるということがあるのだろうか？　結晶の成長や、肥料に勝手にハエがわくのを研究した一部の学者の言うように、物質に生命が宿ったり、物質が生命を与えたりするのだろうか？

こうした考えは観念学の基礎であり、現在の自然哲学、宗教、政治、社会秩序に影響をおよぼしている。当時もそうだったし、現在でもそうである。だから文化史家は、特定の社会の社会的、政治的、宗教的な思想についての考え方の変遷《へんせん》を知る手がかりを求めて、ハーヴィのような人びとの業績を研究してきたのだ。

ハーヴィは、とくに『動物発生論』のなかでは血液が特殊な性質をもつと主張しているが、これは、最初に生まれ最後に死ぬ第一の器官として心臓に注目した最初の著作のころから、彼の考えが変わったことになるのだろうか？　かつては、心臓は人体の王であり、その目的と働きは心臓だけのものでなく全身のためのものなのだと強調していたのに、今度は、人体という

「連邦国家」を流れる血液こそが生命なのだと強調している。主張が変わっているのではないか？　要するに、ハーヴィの生物学とは、イングランドの国王と統治についての彼の見解を反映したものではないのか？　そうだとしたら、これは、政治理論や社会理論が自然哲学のなかに裏づけと正当性を見いだしたという、ごくありふれた話である。結局のところ、国王から農民へ、教皇から教徒へという力の流れは、天上の力の下界への流れや「感化」と同じくらい自然なことと考えられていた。

しかし、ハーヴィに関しては、人体についての考えに社会的、政治的な思想を反映させることはなかったようである。一六一六年に最初のラムリー講座のために書きため、その後も一〇年以上にわたり書きこみを加えていった手書きの講義メモを見ると、そのころすでに血液を胚体の起源と考えていたことがわかる。彼はまた、その発見が、心臓を第一と考えたアリストテレス、肝臓を第一と主張したガレノスのどちらとも相容れないものであることも理解していた。

心臓と血液に関するハーヴィの詳細な研究が具体的なかたちをとるようになっても、血液を第一とする考えと、心臓を人体の第一の器官とする主張が対立することはまったくなかった。歳月とともに生理学の理解を深めるにつれ、ハーヴィの血液重視の姿勢はますます揺るぎないものになっていった。血液こそが生命力の源である。血液が心臓をあたためるのであって、心臓が血液をあたためるのではない。『動物の心臓と血液の動きに関する解剖学的研究』の長所と短所について考えていた人びとは、この問題をめぐる議論に夢中になった。

円熟期にはいっても、ハーヴィは、心臓と血液についての自説を捨てたり大きく変えたりすることはなかった。彼は、国王が処刑されて議会派の支配する時代になり、国王への忠誠心や君主制を正しいとする信念など捨ててしまうのが安楽で現実的な選択にちがいなくても、けっしてそれらを捨てなかった。著作のいくつかで触れられているハーヴィの実験的手法から、彼が、五感で認識できないことを考えるときには答えを保留することを好んだことがうかがえる。ハーヴィは、自分の自然哲学を実験と観察のうえに築きあげたのだ。

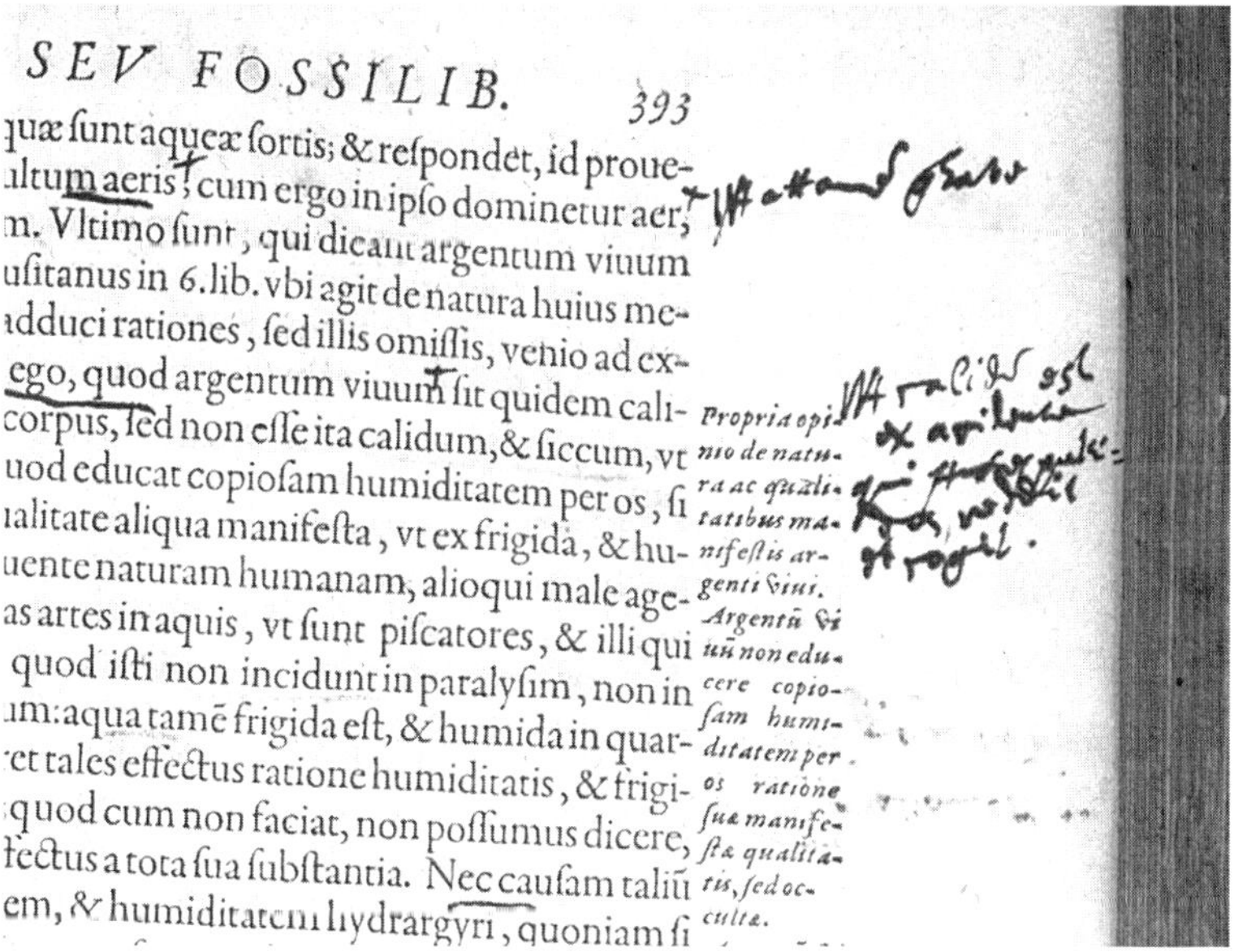
SEV FOSSILIB. 393

quæ ſunt aqueæ ſortis; & reſpondet, id proue-
ltum aeris; cum ergo in ipſo dominetur aer,
n. Vltimo ſunt, qui dicant argentum viuum
uſitanus in 6. lib. vbi agit de natura huius me-
dduci rationes, ſed illis omiſſis, venio ad ex-
ego, quod argentum viuum ſit quidem cali-
corpus, ſed non eſſe ita calidum, & ſiccum, vt
uod educat copioſam humiditatem per os, ſi
ualitate aliqua manifeſta, vt ex frigida, & hu-
uente naturam humanam, alioqui male age-
as artes in aquis, vt ſunt piſcatores, & illi qui
quod iſti non incidunt in paralyſim, non in
m: aqua tamē frigida eſt, & humida in quar-
et tales effectus ratione humiditatis, & frigi-
quod cum non faciat, non poſſumus dicere,
fectus a tota ſua ſubſtantia. Nec cauſam taliū
em, & humiditatem hydrargyri, quoniam ſi

Propria opinio de natura ac qualitatibus manifeſtis argenti viui.

Argentū viuū non educere copioſam humiditatem per os ratione ſuæ manifeſtæ qualitatis, ſed occultæ.

1617年ごろのラムリー講座テキスト。横に“WH”と記して、内科医師会のラムリー講座をくりかえすうちに練り直した内容をメモしている。この手書きメモから、心臓の動きに関する彼の考えが発展していったプロセスをうかがい知ることができる。

第四章　ハーヴィの考えはいかにして受けいれられたか

現代人の目には、血液は体内を循環しているというハーヴィの主張は、まっとうで説得力があるように見える。実験によって得た証拠と、実際に観察した結果をもとに組み立てた明快な論理とを組み合わせ、なるほどと思わせてくれる。だから、彼の本を読んでもすぐには誰も信用しなかった、いや、ハーヴィの解剖実演を直接目撃する幸運に恵まれた者さえ、彼の発見をなかなか信用しなかったというのは、ちょっと理解しにくい。すぐれた医学者のなかには、心臓と動脈の働きといった細部ではハーヴィの見解を支持する者もいたが、驚くべきことに、その彼らでさえ、この明々白々の答え——血液は動脈から身体の組織をとおって静脈に流れ、静脈から心臓と肺をとおって動脈に流れて循環する——にはたどり着けなかった。あるいは、循環の考えは認めるが、心臓が力強く収縮して血液を肺や全身に送りこむというハーヴィの理論はまちがいだ、と言う学者もいた。

ハーヴィの発見に対する当初の反応はさまざまだった。何世紀にもわたって臨床の観察結果を十分に説明してきた理論体系を捨てることに抵抗を感じる者もいた。実験による証拠と生理学の研究とを結びつけることに納得がいかない者もいた。世界を説明する哲学原理は昔から形而上学と相場が決まっている、ハーヴィの理論は形而上学的根拠が不十分だと言ってハーヴィを信用しない者もいた。

医師や哲学者の多くはどっぷりと古典に浸《つ》かり、過去の権威はなんと言っているか、主張の論理構造はどうかという観点から学説の長所と短所を議論して真理にたどり着こうとする旧来のスコラ学方式を疑おうともしなかった。そのため、自分の手で実験し、自分の目で見て、比較検討し、論理的に考察して、構造と機能の関係をつきとめようとするハーヴィの手法は、理解されるのも認められるのも容易なことではなかった。じつは、ハーヴィの循環論を認めた者とそうでない者を分けた大きな要因は、年齢と社会的立場だった。ハーヴィと同世代の解剖学者や医者には、ハーヴィを否定する者が多かった。彼らの多くは、すでにある程度の地位にあり、現行の標準の医学課程をそのままのこした方が得だったためである。一方、彼らの教え子の世代は、より実用的な手法の登場に敏感で、ハーヴィの実験の多くもすぐに試し、自分の目でたしかめた。そして、彼の説を支持した。

それまでの生理学は、古代ギリシャ最高の医学著述家たちののこした文献をガレノスがひとつにまとめ、さらにみずからの臨床経験と科学知識をもとに徹底的に鍛《きた》えあげてつくりあげた、

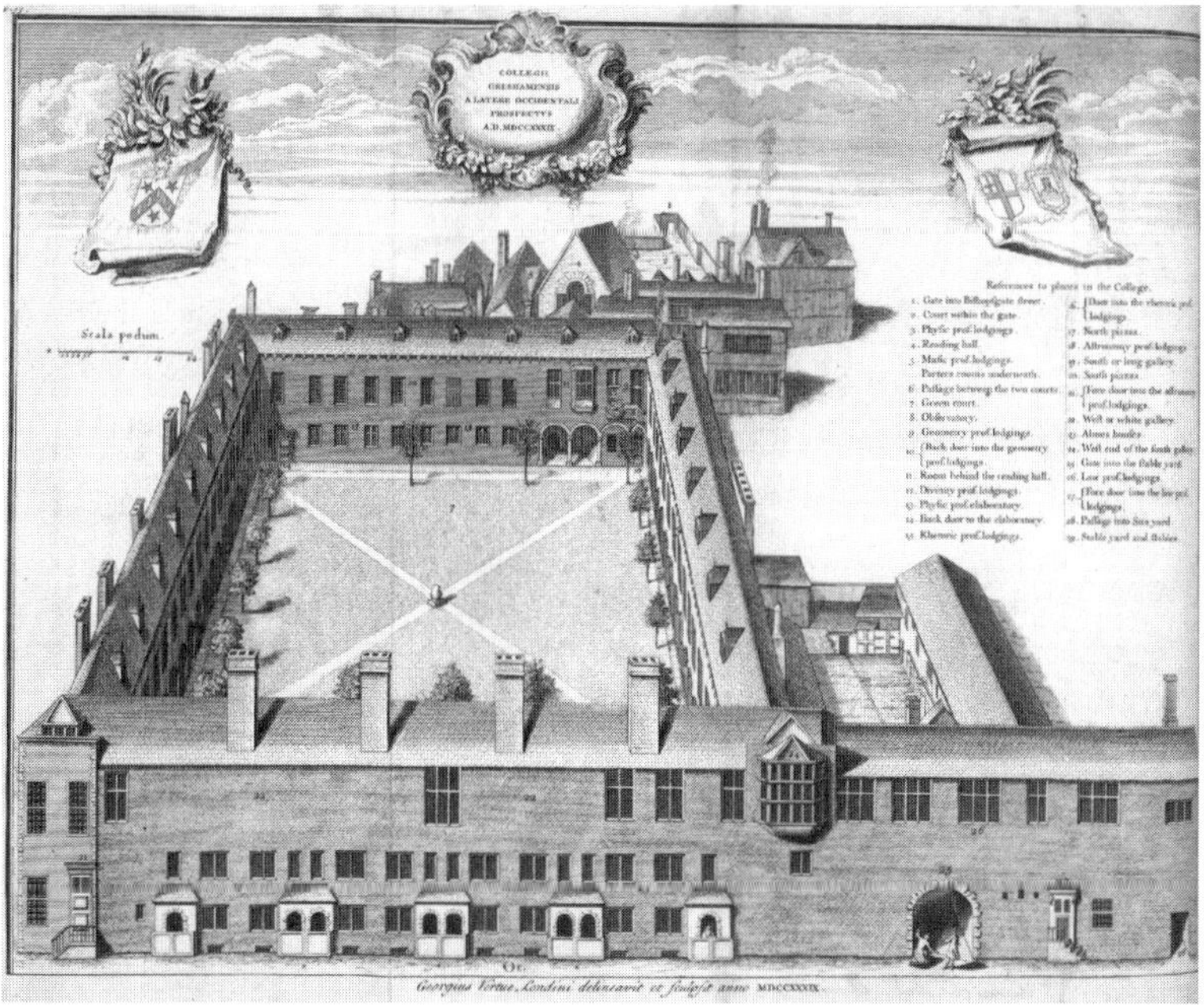

ハーヴィの血液循環の発見をさらに推しすすめる数かずの重要な生理学実験がおこなわれた新設の王立協会。その創立は1660年にロンドンのグレシャム・カレッジで正式に発表された。1710年に建物ができるまで、会員はグレシャム・カレッジやアランデル・ハウスに集まった。

理路整然とした体系であり、ハーヴィ以前には、解剖学の新発見によってその土台が揺るがされることなどなかった。ハーヴィのころの大学は、教授に、学則に指定した、ガレノスの教えにもとづく課程を教えることを要求した。結果として、教育の水準は維持されたが、革新性は失われていた。

そんな時代だったため、王立内科医師会のハーヴィの同僚たち、つまりロンドンで最高の教育を受けた医学博士たちが、彼らの教わったこととまったく異なる、心臓の働きと血液の循環に関するハーヴィの理論に対して懐疑的だったのもうなずける話ではある。だが、当時のハーヴィが読者として意識していたのは、彼らではなかった。彼らの強い要望に応じて自説を発表していると言ってはいたが、意識したのはむしろ、彼と同等の知識人——医学だけでなくヒト生理学や動物生理学も学んでいる大陸の解剖学者たち——だった。『動物の心臓と血液の動きに関する解剖学的研究』を出版するとき、ハーヴィは、ロンドンではなくドイツのフランクフルトを選んでいる。講義のなかでこの考えを話したときにイングランドの医師たちが見せた反応に不安を覚えたというだけでなく、研究成果を広く国際的に知らしめたい気持ちがあったのだろう。

一六三〇年三月、王立内科医師会の同僚、ジェームズ・プリムローズが、『心臓の動きに関する彼《か》の著作に関する研究と見解』を発表し、ハーヴィの説に反論した。プリムローズは、ハーヴィの血液循環説を完全否定し、ハーヴィが観察した事象をひとつのこらずガレノス理論で説明しようとした。たとえば、動脈が静脈より太いのは、血圧に耐えるためではなく、そこに精気が流れているからだと彼は言う。つまり、ガレノス理論によれば動脈系は精気を運ぶのである、動脈の壁が静脈と同じくらいの厚さしかなかったら、精気は質料としてとても希薄なのだから、かんたんに動脈壁をとおり抜け、身体のなかへ逃げてしまうではないかと。プリムローズはさらに、心臓には心臓を拍動させる「拍動励起力《れいき》」というものがあるのだと主張し、心臓はひとつの筋肉であり、収縮期に力強く収縮するとしたハーヴィの説を否定した。結局、筋肉とは人が意識して動かすものだというのが一般的な考え方であり、心臓が意識的な命令によって拍動しているのではないことは明らかだということだった。

ハーヴィへの反論で、プリムローズはひたすら大家の著作によりどころを求めた。実験による証拠などはまったく出さず、ガレノスやヴェサリウスを引用するばかりだった。ついには、ガレノスの本に書いてあると言って、心臓の右心室と左心室をへだてる隔壁にはじつは小さな孔《あな》が開いているのだとまで主張した。その裏づけとして、彼は偉大な解剖学者、ヴェサリウスの『人体の構造』を引用したが、彼が読んだのはまちがいなく一五四三年発行の初版本だった。一五五五年に出版された第二版では、ヴェサリウス自身、やっぱりそんな孔はなかったと訂正しているのだ。

プリムローズがかたくなに否定し、細かく攻撃してきたことに、ハーヴィは驚き、面食らったことだろう。ハーヴィが試験委員としてプリムローズの王立内科医師会への入会を許可した一六二九年の一二月からほんの何か月しか経たないうちのことだったし、プリムローズの本は、同僚たちも手に入れやすいロンドンで出版されたからだ。だが、ハーヴィは、公《おおやけ》にはプリムローズに反論しなかった。それは、ハーヴィにとっての一六三〇年代が国王の侍医として広く諸国を旅するのに忙しい時期だったためかもしれないし、あるいは、プリムローズのもち出す問題が、ハーヴィの実験がすでに誤りと立証したものばかりで、反論するだけ無駄だと思ったためかもしれない。プリムローズの相手は、他人《ひと》に任せればいい。

イングランドやスコットランド、ヨーロッパ諸国を旅するなかで、ハーヴィは多くの医学者、医学生、医師に出会った。その機会を利用して、心臓脈管系の仕組みについてみずからの考えるところを述べ、ときには実演して見せたであろうことは想像に難《かた》くない。たしかに、一六三〇年代初期から中期にかけて彼が諸国を旅した時期と、血液の循環に関する学術的論争がくりひろげられた時期が一致していることは、ハーヴィの本に触発された膨大な数の書簡や出版物によって証明されているのだ。たとえば、一六三〇年には、高名な医学教授で宮廷医でもあり、自然物から人工物まであらゆるものの収集家としても知られていたデンマーク人、オーレ・ウォルムも、ライデン大学にいる同郷の医学生、ヤコブ・スバブに手紙を送り、ハーヴィの理論が彼《か》の地でどう受けとめられているかたずねている。当時のライデン大学はパドヴァ大学に代わって医学教育の最高峰の名声を得ようという存在になっており、そこでのハーヴィの学説への反応は、ヨーロッパ全土で認められるうえできわめて重要な鍵だったためである。

スパブは、ハーヴィの発見に自分はとても興奮した、友人のハーマン・コンリングも同様だと答えている。だが、もっともなことだが、彼らを教える教授たちは、血液が体内を循環することが解剖学的にはっきり証明されていない段階で従来の理論を捨て去ることに慎重だった。それはオーレ・ウォルムも同様だった。ウォルムは、血液がもっとも細い動脈から体組織の小孔に染みこみ、そこからもっとも細い静脈に流れこむことはありえないと考えた。なぜなら、血管の外に出た血液がすぐに固まってしまうことは、経験上明らかだからである。さらに、静脈と動脈は肺の内部で細い管によってつながっているという考えにも、静脈の血液は濃すぎるためもっとも細い動脈に流れこむのは無理だという理由で懐疑的だった。同世代の多くと同様、ウォルムもまた、何世紀も生きつづけた先人の知恵を捨て、ハーヴィの実験と理論を認めることはできなかった。

ハーマン・コンリングは、はじめからハーヴィの説を信じていたわけではなかった。しかし、一六三二年以降はずっと、アリストテレス派の自然哲学を教えながら研究をつづけていたドイツのヘルムシュタッドで、ハーヴィ説の正当性を主張しつづけた。コンリングは、一六四三年に書きあげ、その三年後にライデン大学から出版した『血液の発生と自然な動き』のなかで、静脈の弁の作用が血液を心臓にむかわせるというハーヴィの主張が、いかにして自分を循環の研究にむかわせたのかをくわしく述べている。彼は自分も生きた動物を使って実験し、ハーヴィの正当性を確信するにいたったと述べている。

ハーヴィの考えは、まもなくロッテルダム大学の解剖学教師、ザッカライアス・シルビウスとヤコブ・デ・バックにも認められ、一六三三年以降は、彼らは自分でも循環説を教えるようになった。一〇年もすると、ロッテルダム大学とライデン大学では循環説がおおむね認められた。ライデン大学では、フランシスカス・シルビウスがハーヴィの実験をくりかえしおこない、応用実験も考案した。フランシスカス・シルビウスは、一六三八年からはハーヴィの説による心臓と血液の動きを講義し、実演した。シルビウスの教え子、ヨハネス・ワラウスがおこなった実験研究は、ハーヴィの結論の妥当性をヨーロッパの医学生たちに納得させる大きな助けになった。ワラウスには、一六三六年にハーヴィと出会い、以来彼と手紙をやりとりしていたヨハン・ヴェスリングという友人がおり、彼をつうじてかねてから循環説の話を聞いていたのだった。

ワラウスはハーヴィの実験をていねいに再現し、多くの人びとを納得させた。彼が考案した新たな実験のいくつかは、ハーヴィ自身にとっても便利なものだったため、数年後にはハーヴィもさりげなくそれらを用いるようになった。ワラウスは、生きたイヌの足を切開し、大動脈と大静脈を露出させた。静脈を結紮《けっさつ》すると、結紮箇所より心臓側では血液がなくなるが、足先側は血液でふくれあがることがわかった。対応する動脈も同じようにふくれあがった。結紮糸をほどくと、静脈の血液はすぐに心臓にむかって流れ、ふくれた血管ももとに戻った。つづいて、動脈を結紮すると、今度は心臓側で鬱《うっ》血《けつ》が起こり、足先側では血管が空《から》になり、つぶれた。動脈を結紮したまま静脈を結紮したが、今度は膨張は起きなかったので、血液が足先側から静脈へ流れていないことがわかった。この実験は、かつてハーヴィが人間の腕を使ってやった止血帯の実験と原理は同じだが、動脈と静脈の流れをべつべつにせき止めてその効果を直接観察できる点で、ハーヴィの実験より精度の高いものだった。

ワラウスは実験装置に改良を加え、露出した動脈と静脈をもちあげ、その下でイヌの足を止血帯できつくしばれるようにした。これで、この二本の血管のどちらかをとおらない限り、足に血液が流れこむことはない。この状態で静脈を結紮し、足先側で切断すると、血液が自然に流れ出た。その後、さらに足先に近い位置で静脈をしばると、血液の流出は止まった。これで、血液が身体の末端部から流れてくることがわかった。足先に血液を供給できるのはただひとつ、結紮されていない動脈だけである。これで、血液は動脈をとおって身体の末端部へ流れ、静脈をとおって戻ってくるというハーヴィの主張が正しいことが証明された。

604 Iean VValæus

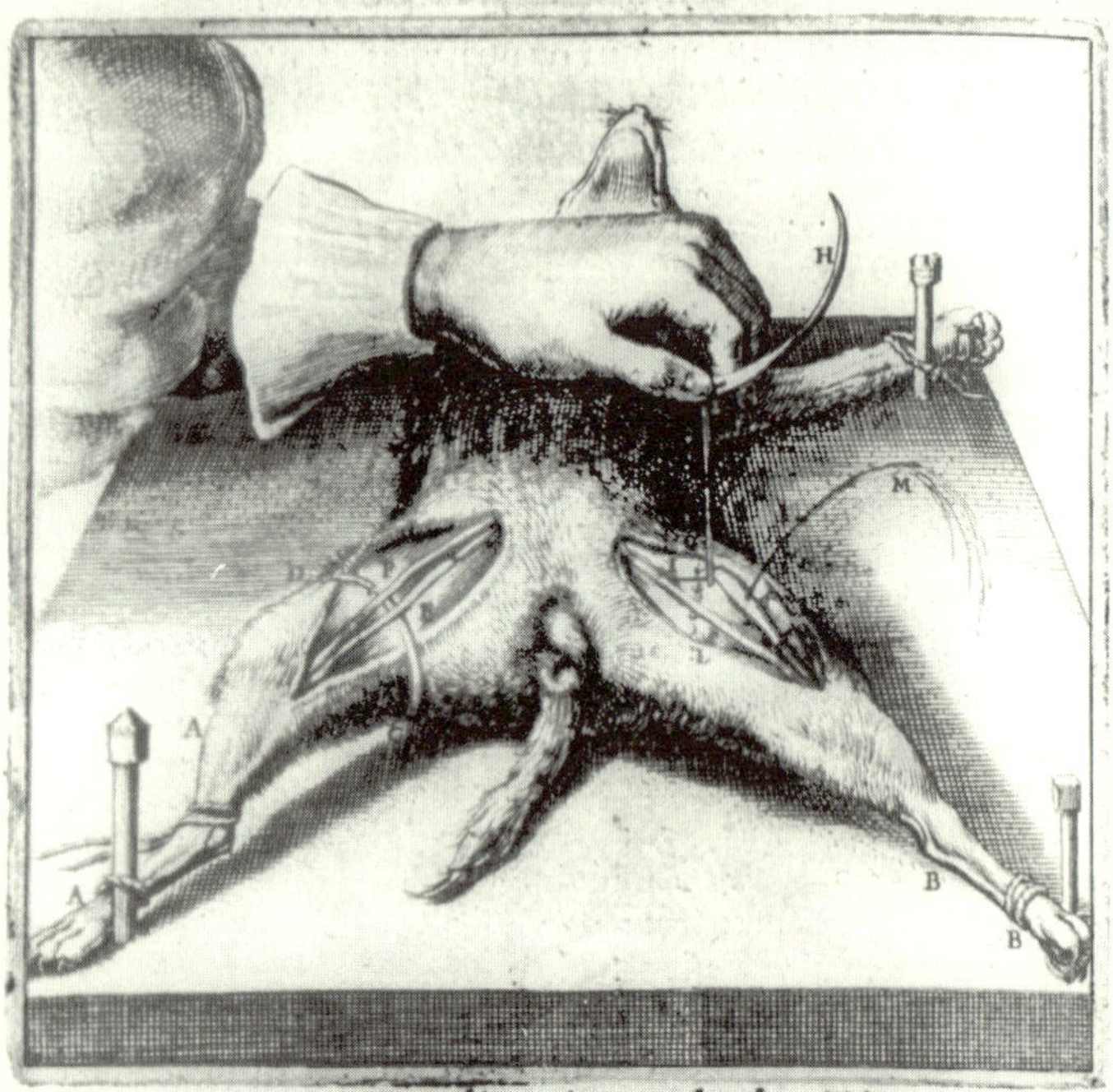

Explication de la Figure.

A. *la iambe droite d'vn chien* B. *ſa iambe gauche.*

C. D. *la ligature qui eſt ſous l'artere & la veine, par laquelle la cuiſſe eſt eſtroitement liée, repreſentée à la iambe droite, afin que la confuſion des lettres & des lignes ne trouble le ſpectateur.*

E. *l'artere crurale.* F. *la veine crurale.*

G. *le fil qui lie la veine, & qui la leue.*

H. *l'aiguille où le fil e paſſ.*

I. *la partie ſuperieure de la veine qui deſenfle.*

K. *la partie inferieure de la veine qui s'enfle par la ligature.*

ワラウスは、生きたイヌの足の下腿動脈と対応する静脈を選んで結紮（けっさつ）し、切開することによって血液は動脈から静脈へ循環するというハーヴィの理論を実証した。ハーヴィの理論を検証するこの実験では、ハーヴィの実験をさらに改良した技術も使った。この実験によりワラウスは、足先から静脈をとおって戻る血液の出どころが対応する動脈以外にはありえないことを示し、血液が動脈から静脈に流れていることを証明した。

はじめは信じていなくても、ハーヴィの実験を自分でやってみたり、目の前でうまくやって見せてもらったりすれば、血液の肺循環、血液の体循環、心臓の動きといったハーヴィの考えをすぐに認めそうなものだとつい思ってしまう。彼の本は、彼がたどった手順をかんたんに思い浮かべることができるし、新たな発見にうなずきながら彼が考えた道すじを一歩一歩かんたんにたどることができるから、現代ではとても説得力がある。しかし、この本が世に出てからの数十年間は、事情が少しちがっていた。カスパル・ホフマンは、当時ヨーロッパ屈指の医学教授のひとりに数えられていた人物だが、彼は、何を問題とし、どんな方法でその問題に答えを出し、裏づけるのかという点でハーヴィに賛同できない者にとっては、ハーヴィの論理とその裏づけに用いた証拠にはほとんど意味がないと指摘した。

ハーヴィとホフマンは、ハーヴィが国王の命《めい》でアランデル伯とドイツを旅したときに訪れたアルトドルフ大学で出会った。一六三六年五月の数日間、ハーヴィはホフマンの前で解剖をして、血液の動きを示して見せた。じつは、ホフマンもパドヴァ大学でファブリキウスの教えを受けていた。しかし、その後の手紙のやりとりが示すように、ハーヴィはホフマンを納得させることができないままアルトドルフをあとにした。

ホフマンは、肺循環については、血液を適切な温度に冷却し、肺に栄養を送るために必要だとして認めたが、心臓がたんなる筋肉だという説は認めなかった。血液が動脈から静脈へ循環するという説も認めなかった。ホフマンは、とくにふたつの欠点を挙げて、ハーヴィの循環説を批判した。ひとつは現代の実験的観点から見ても明らかな欠点であるが、もうひとつは、新理論の解釈における当時の哲学的考えの影響を色濃く表わしたものだった。

第一に、血液がふたつの心室をへだてる分厚い隔壁に開いた目に見えない孔《あな》をとおって静脈側から動脈側へ流れるという説をハーヴィが否定したことについては、ホフマンも同意見だった。孔がまったく見えない以上、検知できない孔がそこにあると仮定するより、血液が肺をとおると説明した方が理にかなっているという意見である。しかし、とホフマンは言う。それならば、同じ道理で、とおり道も結び目も見えないのだから、もっとも細い動脈からもっとも細い静脈へ血液が流れるというハーヴィの主張も、認めることはできない。

第二に、ホフマンは、血液が循環する目的をハーヴィは実証していないと指摘した。血液の目的が、栄養を身体に与え、生者と死者の区別を説明するとされる目に見えない精気を身体に与えることであるとすると、血液を身体の末端まで送り、使いきらないうちに引き戻すのは、必要がないうえに効率も悪い。身体の各部がそれぞれの必要に応じて血液の栄養をひきよせるというガレノス派の説明の方がよっぽど理にかなっているし、目に見えない——立証もできない——とおり道などをもち出す必要もない。この点では、ホフマンはプリムローズと同じ意見だった。自然はすぐれた構造をもち、効率よくできているという考えから、身体の各部に備わる「誘引」能力は、栄養補給のために必要以上の血液をひきよせることはないとしたのである。また、「逆流」能力というものは存在しないから、血液が静脈をとおって心臓にひきよせられることは説明できないとした。

一七世紀初頭の人びとにとっては、動脈と静脈のあいだのつながりが目に見えないという指摘より、循環の目的を示していないとした第二の指摘のほうが、はるかに雄弁な批判だった。一七世紀の科学理論では、仮想的な原因を想定すること、交感や調和といった目に見えないつながりを想定すること、さらには物体の動

カスパル・ホフマン。ハーヴィは1636年にドイツのアルトドルフで彼と出会い、血液循環を立証する解剖学的証拠のいくつかを披露したが、ホフマンは認めなかった。

きを説明する正体不明の性質を想定することがあたり前のようにおこなわれていたため、目に見えない導管を「ある」と仮定することも、それほど突飛なことではなかった。しかし、循環に目的があることを証明できなければ、その新理論は哲学の裏づけを得られず、形而上学的に説明できないことになる。

ハーヴィやホフマンが学んだアリストテレス哲学では、あらゆる自然現象、物理現象の本質には、必ず四つの「原因」がある。現象とは、質料要素の組み合わせ（「質料因」）で構成され、特徴的な形態（「形相因《けいそう》」）をもち、何らかの過程要因もしくは創造要因（「動力因」）によって生みだされ、定められた目的（「目的因」）のために作用するものである。「目的因」の「目的」とは、現象の行き着く「終着点」を意味し、ハーヴィの時代にはもっとも重要視されたのは、まずまちがいなくこの目的因だった。それはたんにアリストテレスやガレノスが考えた自然の構造のなかで「目的」がきわめて重要な意味をもっていたからというだけでなく、「目的」がキリスト教の世界観の中心に位置する概念だったからである。

アリストテレスによれば、「自然は真空を嫌」い、空っぽの空間が生まれないようにする。たとえば、ストローを吸うと水があがってくる現象なども、この原理によるものだという。近代初期のキリスト教徒は、手や目といった器官がそれぞれ決まった外形と構造をもつのは、個々の目的にかなうようにつくった神の意思にしたがっているためだと誰もが考えていた。これを「目的論的説明」と言う。これは、キリスト教原理主義者がダーウィンの生物学や地質学を批判するときに現在でももち出す考えである。ハーヴィの理論は循環の目的を説明していなかったため、これもまた、アリストテレス派のハーヴィ批判の重要な論拠となった。

ホフマンは、理論は哲学と矛盾してはならないと考える人物だった。彼はハーヴィが実験によって示した証拠のいくつかをドイツのアルトドルフで実際に目にしていたはずだが、結局それらの証拠を軽く見てしまったのは、そういう性格のせいでもあった。彼は、ハーヴィの定量的論証を、印象的ではあるが、根拠がなく、哲学的に不適当だとした。お決まりの一七世紀的感性に根ざした反応である。現在では、三〇分間に心臓から動脈に流れこむ血液の量についてのハーヴィの推理も評価され、現代の定量的手法の先駆けとして称賛さえされているが、ホフマンはアリストテレスにならい、数学よりも因果的推論を重視した。定量的論証は所詮「算術」にすぎず、正当な哲学的（因果的）説明にとって代わるなどありえない。さらに言えば、プリムローズが指摘したように、ハーヴィは、実際にそれだけの量の血液が一回の拍動で心臓から出ることを証明していなかった。

現代の視点で見ると、ホフマンの見解には、事実の説明をもって事実の確立としている点に問題がある。ハーヴィもそのことに気づいていた。ホフマンに宛てた返事のなかで、ハーヴィは、自分は自著の八章と九章で目的因について語ることを意図的に避け、一四章の概要でも循環の理由に関する哲学的考察を加えるのをやめたのだと指摘した。ハーヴィは実験で得た証拠に自信があり、執筆の時点では、身体の動く仕組みを発見したことで満足していた。原因と目的についての議論は事実を確立したあとでやればよいのであり、原因と目的について議論したから事実として確立されるというものではない。「目的がわからないからといって、循環現象そのものが存在しないことにはならない」というのがハーヴィの言い分である。

ハーヴィは、血液が心臓から押し出されていくときには栄養補給には不要なほどの速さで動脈を流れることを解剖で実証し、血液が心臓に戻るときには静脈を流れることも示した。これは、静脈の弁の作用によるものである。論理上は、これを証明するには、血液が体組織をとおって動脈から静脈へ移動することを示す必要がある。彼は、循環が起きているにちがいないことは示したが、循環の目的を考えようとは思わなかった。

ハーヴィは、ホフマンの反論に対して正式な反論をしていない。実際のところ、新たな実験をいくつか加えるくらいのことはできても、同じ証拠をもう一度示し、一六二八年にたどり着いたのと同じ結論をもう一度みちびき出す以外、彼にできることはなかった。ホフマンは、最後まで循環理論を完全に認めることはなかった。ホフマンの教え子、ポール・スリーゲルは、すぐにハーヴィが正しいと認め、一六三八年にホフマンの説得を試みたが、うまくいかなかった。最後には、彼も、自分の師匠は研究生活のあまりにも多くをガレノス生理学に費やしてしまい、それをすっかり捨て去ることはできないのだと悟った。後年、一六五〇年、スリーゲルは、循環説がなかなか認められなかったのは、コペルニクスの地動説が認められなかったのと同じだと語った。

血液の循環における心臓の役割は、フランスの哲学者、ルネ・デカルトの登場によってさらにややこしくなる。人間の理性をのぞく自然界の万物は、自律的な内的活動や知性をもたず、機械として機能するという概念を導入したことで有名な、あのデカルトである。この彼の自然へのアプローチを機械論哲学という。一六三二年の時点で、デカルトはすでに『動物の心臓と血液の動きに関する解剖学的研究』を読んでおり、幾人かの友人と手紙で意見交換もしているが、みずからの考えを発表したのは一六三七年だった。有名な『方法序説』において、循環を機械的、水力学的過程だと述べたのである。

デカルトは、循環の概念は受けいれたが、心臓の性質と動きについてはハーヴィとちがう見方をしていた。ハーヴィは、心臓は筋肉であり、力強く収縮して動脈に血液を送り出すと考えた。デカルトは、心臓はそれ自体では活動しない脈管で、その役割は血液をあたためて蒸発させることだと考えた。それにより発生した血液の蒸気が心臓をふくらませ、動脈に圧力を加え、触れて感じることができる拍動をひき起こす。その後、血液はしだいに冷え、身体の末端で液体に戻り、静脈をとおって心臓へ戻り、そこでふたたびあたためられて蒸気になる。循環を蒸発サイクルとみなしたデカルトの考えは、ハーヴィの循環説に、アリストテレスの考えや、自然界のさまざまな過程を沸騰や発酵、蒸留といった化学反応で説明した医学者パラケルススの流れをくむ者たちの考えを組み合わせたものだった。

デカルトの考えは、ヨーロッパ各地でさかんに議論された。アリストテレス哲学も、その後の時代の化学者たちの考えも、物質には、「能力」と呼ばれる隠れた性質や力、もしくは精気が備わっており、それらが目に見える変化をひき起こすという概念を前提にしていた。ガレノス医学では、栄養補給、成長、排出などヒト生理学のあらゆる側面を、誘引、保持、排斥《はいせき》など「能力」という言葉を用いて説明していた。有機体の機能は、これらの「能力」によって説明されたのである。そのため、心臓自体に「拍動効果」があるために心臓は拍動する、つまり心臓とはもともと収縮して血液を押し出すようにできているのだというハーヴィの説明は、循環論法だとして伝統的な医師たちの心には響かなかった。

しかし、一六四〇年代、五〇年代の自然哲学の学生たちは、デカルトやハーヴィが唱えたような単純な物理原則がいくつかあれば自然界で起きるさまざまな変化を説明できるという考えに魅了された。世代がすすむとそれほど熱狂的ではなくなり、とりわけ、内的意思や神の知性によって支配されてひとりでに形成されていくように見える有機体の発達になじんでいた者たちの反応は冷めていた。大学の神学者や教会の権威の多くは、デカルトの宇宙が積極的な神の

RENATUS DESCARTES, NOBIL. GALL. PERRONI DOM. SUMMUS MATHEM. ET PHILOS.
Talis erat vultu NATURÆ FILIUS: unus Assignansq; suis quaris miracula causis,
Qui Menti in Matris viscera pandit iter. Miraclum reliquum solus in orbe fuit.

ルネ・デカルト。血液は人体内を循環するという点ではハーヴィに賛成したが、心臓が機械ポンプのような働きをするというハーヴィの考えは否定した。デカルトは、心臓が血液をあたためて蒸発させ、その蒸気が心臓を拡張させ、動脈に圧力を加えるという完全に機械的な原理にもとづく心臓理論を求めた。

存在をほとんど必要としないことから、宗教的理由でデカルト説を否定した。

当時の人びとは循環と聞くとハーヴィを連想したため、デカルトが循環説を支持したことで、デカルトの機械論に関する論争の最中にハーヴィの主張がしばしばもち出されることになった。だが、実際には、ハーヴィの考えは、心臓を機械に見立てたデカルトの考えとは大きく異なるものだった。

ハーヴィは、信念あるアリストテレス派としてデカルトの機械論哲学はまったく認めていなかったはずだが、革新的な研究の発表から二〇年のあいだ、プリムローズやホフマンに批判されても、デカルトや彼の弟子たちにねじ曲げられても、あえて自説を擁護《ようご》しようとしなかった。彼が公私ともに人生の激動期を迎えていたためである。この時期のハーヴィは、頻繁《ひんぱん》に旅に出ていた。そうするうちに大内乱が勃発《ぼっぱつ》し、王室もその支援者もその渦《うず》にのみこまれてしまった。一六四九年に国王が処刑されたあとになって、ようやくハーヴィは執筆と出版を再開できることになった。そして、いちばん最近の批判者、ジーン・リオランへの反論にとりかかった。

ハーヴィとリオランが出会ったのは、おそらく一六三〇年代の後半、リオランがイングランドにやって来たときである。リオランは、チャールズ一世の王妃、ヘンリエッタ・マリーの母、マリア・デ・メディチの侍医としてイングランドへやって来た。ハーヴィとリオランは、仕事上のつきあいだけでなく、個人的にもつきあうようになった。リオランはパリ大学の医学教授でもあり、そのため最初からガレノスの解剖学や生理学を擁護する傾向が強かった。パリ大学の医学部は、一六世紀に起こったガレノス解剖学の復興のとき、ヴェサリウスの師、ギュンター・フォン・アンデルナッハの指導のもとその中心的役割をはたし、以来、伝統医学を忠実に守りつづけていた。加えてパリっ子の医師は一般に保守的で、彼らの多くは、根も葉もない新説がまたぞろ現われただけだとハーヴィの循環説を否定した。

リオランもまた、初めてハーヴィの新説を知ったときに、診療の役に立たないと一蹴している。静脈の弁によって血液の少なくとも一部が心臓にむかって流れることを示したハーヴィの実験までは認めたものの、肺循環や、さらに大きな体循環は信じなかった。最終的に、一六四八年とその翌年に発表した二本の論文で、血液循環説を公式に否定した。

パドヴァ大学でアリストテレス生物学とガレノス医学の両方を学んだハーヴィと異なり、リオランは徹底してガレノス一筋だった。同じ生理学的法則で支配される生物学的存在として人間も動物もいっしょくたにしてしまうハーヴィの「アリストテレス的」研究法など、その目的も、手順も、結論も、受けいれるつもりはなかった。プリムローズと同じく、リオランもまた、ハーヴィがおこなった爬虫類や魚の調査を、子どもじみた、人間の生理学とは無関係なことだと嘲笑《あざわら》った。ガレノス派としてリオランが第一に考えたのは、治療行為としての医療の完全性であり、ハーヴィの主張によって現行の治療術——実際の病気の診断や処置——がおびやかされているとなれば、黙って見過ごすわけがない。

リオランは、ハーヴィの循環説はガレノス生理学を根底から破壊するだろう、そうなれば現行の治療法もすっかりくつがえされてしまうと主張した。当時の治療法というのは、嘔吐《おうと》や排尿、発汗、排便をひき起こす薬剤を投与したり、発熱や炎症、腫《は》れものの場合には患部から放血したりして患者の身体をきれいにして、体液の過多を緩和する方法である。

一七世紀の時点で、放血の原理はかなりしっかりできあがっていた。ガレノス派の医師たちは、炎症を起こした部位から瀉血《しゃけつ》すれば炎症がやわらぐと考えた。ほかに、炎症から離れた部位で瀉血して、患部に血液がたまる（そして患部を腐らせる）のを防ぐ方法もあった。たとえば、胸の右側に痛みを訴える患者の右腕から瀉血するといった具合である。しかし、何世紀にもわたって積みかさねた説明と臨床実験に裏づけられたこの理論も、じつは血液は絶えず循環していたとなれば、どうして真実たりえよう？　ハーヴィを支持した者は、血液はある部分にかたよって存在するのではなく全身に存在するから、一か所で放血しても全身の血液量が減るだけだという考えを受けいれた。

一九世紀初頭のアメリカでむやみにおこなわれたように、循環説を認めたからといって治療法としての放血がすたれるわけではなかったが、リオランが神経をとがらせたのは、ハーヴィの新説によって医学理論を基礎からつくり直さざるをえなくなることに気づいたからだった。

そして彼は、ひとつの妥協案を採ることにした。ハーヴィやワラウスの生物実験を、洞察に富む実験だと評価したのである。さらに、過度な運動をしたり外科手術を受けたりという極端な場合に限っては、血液が静脈から肺をとおって動脈に流れることもあるかもしれないとも認めた。リオランは、動脈系は動脈系、静脈系は静脈系と限られた範囲でしか血液の循環は起きず、静脈と動脈は働きもそのなかに流れる物質もやはりちがうと主張した。デカルトの説はきっぱり否定した。

ハーヴィは、一六四九年に『血液の循環に関するふたつの解剖学的研究』という短い論文を発表してリオランに反論した。この論文は、同僚に宛てた二通の書簡という体裁をとっている。その一通目のなかで、リオランが一六四八年に発表した論文で述べた個々の批判に反論している。どんな仕組みで、何のために、血液は身体の組織をとおって動脈から静脈へ移動するのかというリオランの疑問に対しては、血液は動脈の血圧によって組織内へ押し出され、その後筋肉の力によってもっとも細い静脈に押しこまれるのではないかと答えている。異常時に静脈から動脈へ血液を流すとおり道、吻合《ふんごう》が存在するというリオランの主張に対しては、ひとつの実験を示している（一通目には、これもふくめていくつかの実験が記されていた）。

動物を屠殺《とさつ》する古いやり方では、太い動脈を切開して、できるだけしっかり血抜きをする。ハーヴィは、心臓につながる大静脈を最初に結紮《けっさつ》して、静脈から心臓に血液が流れないようにしておくと、動脈の血抜きはできるが、静脈は血抜きできない、と述べた。もし、リオランや古代ギリシャ人の言うように、何らかの原因で動脈が傷ついたときに吻合をとおって静脈から動脈へ血液が流れこむのなら、このようにはならないはずである。この実験は、一六二八年の本に示した実験に少し手を加えたものである。以前の実験は、心臓の近くで大動脈を結紮し、その状態で太い動脈を一本切開するもので、心臓が動脈血の唯一の源であることは示せたものの、血液が心臓に戻るときに静脈をとおることは証明できていなかった。

ジーン・リオランの銅版画。イングランドでハーヴィと出会う10年前の1626年に製作されたもの。リオランはハーヴィの循環説を否定した。これに対し、ハーヴィは1649年に『血液の循環に関するふたつの研究』を発表して自説を擁護した。

リオランはハーヴィの循環説を明白に否定したが、体内の血液の動きについてはリオラン自身の説明にも曖昧《あいまい》なところがあったため、ハーヴィは、ほんのわずか修正すればリオランの考えを自分の結論に一致させることができるとみた。リオランと個人的にも親交があったことや、彼がフランスの宮廷医という特権的地位にいたことなどから、あまりあからさまに楯突《たてつ》くことは避けようと思ったのだろう。そのかわり、ハーヴィはたくみなレトリックを駆使《くし》し、リオランを否定するような素振《そぶ》りは見せずに自分の主張をとおした。

二通目の手紙は、さまざまな批判への反論として一六四〇年代の初めごろにすでに書いてあったものを、『血液の循環に関するふたつの解剖学的研究』のために書き直したもののようである。この二通目では、リオランの名前は、最初と最後に少し出てくるだけである。さまざまな論拠を挙げたり過去の権威を引用したりしてリオランとみずからの考えが矛盾していないことを述べた一通目と異なり、二通目では、新たな実験的証拠を示し、そこからさまざまな推論をみちびき出しており、体裁は『動物の心臓と血液の動きに関する解剖学的研究』によく似ている。ガレノスの動脈管実験に成功したことも述べている。ガレノスの動脈管実験というのは、先の開いた管を動脈に差しこみ、血液と動脈壁のどちらが拍動を伝達するのかを調べる実験である。ガレノスの実験結果は、「動脈壁が伝える」だった。

しかし、ハーヴィの実験では、ガレノスや他の解剖学者とは正反対の結果が出た。つまり、動脈が脈打つのは、動脈壁が心拍を伝えているのではなく、血液の圧力が変化することによるものだったのだ。その証拠として、ハーヴィはある貴族の症例を引用した。彼の足先の血管は、彼が死ぬまで正常に脈打っていた。ところが、死後に解剖したところ、脚に血液を送る下行大動脈がひどい石灰化を起こして血管壁が硬くなっており、拍動できない状態であることがわかったのだ。これが証拠となり、動脈に小さな傷をつけたら心臓の収縮と同じタイミングで血液が噴き出したという彼の主張が裏づけられ、さらに『動物の心臓と血液の動きに関する解剖学的研究』のなかで述べた、ある貴族の首にできた動脈瘤《りゅう》を露出させたら脈打っていたが、それは血液が脈打つ力によるものであるという主張も裏づけられた。

ハーヴィは、ヨハン・ヴェスリングをはじめとする文通相手や批評家が示した疑問——静脈と動脈を流れる血液がほんとうに同じで、それが絶えず循環しているなら、なぜ静脈の血の色はどす黒くて、動脈の血の色はあざやかな赤なのか——にも答えている。ここでも、ある実験を示した。それは、一六四一年に公表された、ワラウスからバルトリンへの手紙のなかで、ワラウスが報告している実験である。同じたらいをふたつ用意して、一方に動脈血、もう一方に静脈血を入れておく。しばらくして血液の温度が下がり、固まりはじめるころには、ふたつのたらいの血液の色は同じになる。それぞれの固まった血液をくわしく調べても、両者にちがいは見られない。ハーヴィは、動脈血は、肺の多孔性組織で濾過《ろか》されるために静脈血より明るい色になるのだと説明した。

血液中の精気の役割については、ハーヴィは考えようとしなかった。そして、哲学者は見えないものを説明するのに「精気」に頼りすぎる、実際はただ自然現象の原因を見落としているだけだと指摘した。精気には実験的証拠がない。いまだかつて解剖中に精気を見つけた者はいない。そもそも哲学者のあいだでも、精気の実体は物質なのか非物質なのか意見が分かれていた。精気についての議論は聖霊や神の性質についての教えともかかわりがあるため、それが物質か非物質かは、神学上の問題もからんで複雑な問題だった。ハーヴィは水中で血管を切開した。しかし、血液が流れ出てくるほかには、気泡もなにも見えなかった。これは、肺のなかで空気が血液にはいるという説に対する反証である。ハーヴィは、古代ギリシャのヒポクラテス以降のほとんどの医師が何らかの精気が体内の活動をひき起こしていると考えたことを否定はしなかったが、自分ではあえてその性質についてそれ以上考えようとはしなかった。

精気について考えるかわりに、ハーヴィは、活動をひき起こす要因として、また生体熱の源として、血液に注目した。心臓が血液をあたため、沸騰した血液が心臓を拡張させると主張するデカルト派への回答と思われるが、ハーヴィは、血液が、最短の血管回路すなわち心臓内部の動脈と静脈を流れることにより、心臓をあたためるのだと主張した。ハーヴィの理論は、血液にはビールやワインのように気泡を発生させるある種の発酵作用があり、それが心耳（現在の「心房」）を拡張させ、心耳の拡張によって心臓の筋肉が収縮するというものだった。つまり、ハーヴィは、血液の熱が心臓の拡張をひき起こし、心臓が拡張した反動で心臓が収縮する、したがって血液の熱こそが拍動の真の原因である可能性が高いと考えた。

このように考えていたものの、『血液の循環に関するふたつの解剖学的研究』では、ハーヴィは実験的手法を採る姿勢をくずしていない。血液の熱に関するみずからの考えについては、事実によってすでに実証された真実ではなく、ほかの研究者による合理的検証を要する仮説として述べている。ハーヴィは、五感で容易にわかることが明白に実証されたなら、その反対の主張がいかに合理的でも実証の方を重視すべきだというみずからの主張のうしろ盾にアリストテレスを引用したうえで、ホフマンへの手紙に書いたこと――私は、実験によって血液の循環を実証し、合理的な論拠によって心臓が循環の作用因だという結論にいたった――をくりかえし述べている。事実として確立されないうちに、目的因（目的）について結論を出しても意味がない。事実として確立されて初めて、その意味について考えるべきだ。結局のところ、自然は古代の医学著述家が生まれるはるか以前から存在しているのだから、ガレノスやアリストテレスが書きのこした知識といえども、われわれが実験してその目で見て得た知識より信頼できるということはないのだ。

この科学的態度は、彼とほぼ同時代のイタリア人天文学者兼物理学者、ガリレオ・ガリレイや、ベルギー人医化学者、ファン・ヘルモントのそれとよく似ている。ふたりはともに、古い書物にべったりの宗教的権威からの咎《とが》めを受けることなく科学的に自然を探求し、生きた理論をつくり出すことができる自由を求めていた。そしてともに、カトリック教会によって科学理論を発表する自由を奪われていた。カトリック教会は彼らを自宅に軟禁し、公《おおやけ》の場でみずからの考えを論じることさえ禁じた。だが、そのカトリック教会の力も、プロテスタント国のイングランドにはおよんでいなかった。

実験によるハーヴィの心臓と脈管系の性質の研究は、血液が心臓から押し出されて、脈打ちながら全身の組織に流れこむこと、そして全身の組織から静脈をとおって心臓に戻ることを明らかにした。心臓と静脈の弁は、ぴったりと閉じるから——静脈の弁は空気さえ逆方向にはとおさないことを彼は実験で証明した——血液は脈管系を一方向にしか流れようがない。

ハーヴィは、ここでさらに実験で得た証拠を示し、以前の主張を裏づける。生きた動物の静脈を切断すると、心臓から遠い方の切り口からは血液がどんどん流れ出るが、心臓に近い方の切り口からはぽたぽたと滴《したた》るだけである。一方、動脈を切ると、心臓から遠い方の切り口からはわずかに滴るだけだが、心臓に近い方の切り口からは勢いよく噴き出す。また、イギリスの貴族、ロバート・ダーシー卿の検死をしたとき、左心室の出口に閉塞《へいそく》があった。ハーヴィは、心臓が収縮するときに血液に加えた圧力が、血液を動脈に逃がして圧を下げることができないために、心室の破裂をひき起こしたのだと結論づけた。この力は、心臓が力強く収縮するという彼の理論と矛盾していなかった。さらに、デカルト派やガレノス派の主張に反して、血液は、明らかにそうとうな速さで流れていた。

そうなると、ハーヴィがかねて主張している肺循環や腎臓から膀胱へ液体が流れる現象の場合と同じように、たとえとおり道が小さくて目に見えなくても、血液は動脈から身体の組織をとおって静脈へと循環しているはずだと結論づけるしかなかった。ハーヴィは、ここでもうひとつ観察結果をつけ加えている。それは、絞首刑で処刑された罪人の顔が、血管から皮膚に染みこんだ血液で変色したことである。死体から吊り縄をはずすと、血液は引力に引かれてしだいに下がり、身体の他の部分も変色した。血液は、まちがいなく血管外部の組織をとおって移動していた。

ハーヴィは、生死を問わず人間もふくむさまざまな動物を使って実験をおこない、そこから得られた幅広い証拠からみちびき出される唯一の論理的結論として、循環説を打ち立てた。動脈と静脈をつなぐ小さな血管や、血液が肺の組織をとおる様子が目に見えないことも、ハーヴィの包括的な説明を否定する反証としては不十分で、循環説を裏づける証拠がまだ全部そろっていないだけだとみなされた。もう少し長生きして一六六〇年まで生きていたら、カエルの肺の毛細血管を血液が流れる様子を顕微鏡で観察したマルチェロ・マルピーギの記録をハーヴィも読んでいたことだろう。そのあいだにも、循環説を信じる医学者は増えていった。一六五〇年代中ごろまでに、動物の体温や呼吸との関連から肺と血液の役割を確立する新しい実験がいくつも提案され、ハーヴィの循環説はその地位をたしかなものにしていった。

GALEN'S ARTERIAL TUBE EXPERIMENT

ガレノスの動脈管実験

現代の科学者にとって、実験は、仮説が正しいかどうかを決める審判である。仮説が正しいこと、あるいは誤りであることを立証するためにとくに選ばれた実験を、「決定的実験」という。歴史家は、実験と一七世紀の現代科学の誕生のあいだには関連があるという。まさにそのような形で決定的実験が用いられるようになったのが一七世紀だからである。

言うまでもなく、実験の成否は、実験の計画だけでなく、調べる対象の複雑さや、結果をどのように解釈するかによっても左右される。決定的実験でも、手順を十分に詰めきっていないうちは、満足のいく結果が得られないこともある。そのひじょうに興味深い例を、以下に紹介する。ペルガモンのガレノスが二世紀に考案し、一六、一七世紀に多くの生理学者がふたたびとりあげた実験である。

ガレノスが疑問に思ったのは、人間の動脈が脈打つのは、心臓の作用によって動脈が満たされ、拡張するためだとする仮説だった。この仮説を提唱したのは、ガレノス以前に活躍し、その高度な解剖や生体解剖の知識をガレノス自身も研究の基礎としたエラシストラトスである。エラシストラトスは、心臓は、人が吸いこんだ一種の精気ないし空気——プネウマ——を動脈に送りこみ、人体に活気を与え、規則的な拍動をひき起こしていると教えていた。

ガレノスは、動脈にはふだん空気が流れているというエラシストラトスの考えを否定し、いくつかの実験を示して、動脈には通常は血液が流れていることを立証した。だとすると、脈拍の説明はどうなるのか。ガレノスは、脈拍は血液ではなく動脈がひき起こすのだ、動脈自体に拡張する「能力」があるのだ、と説明した。

ガレノスによれば、動脈の拍動は、心臓から送り出された衝撃が動脈の壁を伝わる現象である。エラシストラトスの理論をくつがえし、自身の理論を証明するために、ガレノスは、決定的実験としての特徴の多くをそなえたひとつの実験をおこなった。動脈の拍動が、そこに流れる空気もしくは血液の拍動によって起こるなら、血管のなかに管を入れ、その管を血管の上から結紮糸できつくしばっても、拍動はとぎれないはずである。しかし、拍動が動脈の壁を衝撃が伝わる現象であるなら、結紮糸できつくしばったことによって拍動がとぎれるはずである。素晴らしい発想だった。

ガレノスは、この実験の記録を、「血液は動脈を流れるか」という論文に記し、一六世紀の医学解剖学の復興のときにもっとも重要な教科書とされた彼の七冊目の著書、『解剖学』にも再載した。彼は、鼠蹊《そけい》部付近の太い動脈（イヌかブタの大腿動脈と思われる）を使ってこの実験をおこない、結紮糸より心臓側の動脈は拍動しつづけるが、反対側の動脈は拍動しなくなることを確認した。ガレノスは、この結果は、エラシストラトスの仮説が誤りで、自分の理論が正しいことを立証していると結論づけた。

この動脈管実験は、のちにアンドレアス・ヴェサリウスがおこなったときにも同じ結果が得られた。ヴェサリウスが一五四三年に著わした『人体の構造』は、ガレノス以降最初のヒト解剖学の大きな前進であり、パドヴァ大学の解剖学教育の新スタンダードになった。ヴェサリウスの後継者で、ときに彼を批判したガブリエル・ファロピウスも、その数年後にガレノスの見解を支持している。

ハーヴィは、心臓が血液を循環させるという自説に説得力をもたせるには、脈管系の水力学的性質を明確に示さなければならず、そのためにはガレノスの主張を論破しなければならないことを知っていた。しかし、『心臓と血液の動きに関する解剖学的研究』を書いたときには、ガレノスの動脈管実験は実際にやるにはあまりに難しすぎると判断し、ガレノスの結論を俎上《そじょう》にあげることはしなかった。その代わりに、動脈の傷口から血液が噴き出すのと同じタイミングで拍動が起きることが、血液が動脈の拡張をひき起こすことを示す十分な証拠だと主張した。

ジェームズ・プリムローズも、動脈管実験の重要性に気づいていた。一六三〇年に、彼は、動脈管実験に関するヴェサリウスの説明を引いて、ハーヴィの理論を否定した。オランダでは、一六四一年に、ヨハネス・ワラウスがハーヴィの理論を擁《よう》護《ご》するためにウサギを使って動脈管実験を試みたが、ウサギを死なせてしまい、研究は完成しなかった。ハーヴィは、ガレノスの実験を再現する努力をつづけた。それはまちがいなく、その実験がもつ「決定性」に気がついていたからだった。そして一六四九年、ハーヴィは、ガレノスの指示どおりに管を動脈に挿入することに成功し、きつく締めつけた部分のむこう側の動脈壁でも、弱いながら拍動を検出したと発表した。こうして、この決定的実験はついに「正しい」結果にたどりつき、その後さらに正しいことが確認された。それまでは何が問題だったのだろうか?

ガレノスの実験は、一九六四年にも、近代的な設備で、麻酔をかけたイヌの大腿動脈を使っておこなわれた。その結果はハーヴィの説明を裏づけるものだったが、そのときの実験者はつぎのように語った。「麻酔していなかったら、イヌが激しく暴れて、とても実験にならなかっただろう。血圧もそうとうあがっただろうから、出血や膨張がひどくなり、場合によっては動脈がつまり、観察できなかったかもしれない」。

もっとかんたんな決定的実験が、一六五四年に、フォルトゥナトゥス・プレンプによって考案された。プレンプは、動脈に小さな切れ目を入れ、そこに小さなスポンジを慎重に差しこみ、血液の流れをせき止めた。すると、動脈壁はつながっているにもかかわらず、せき止めた箇所より先では動脈が拍動しなくなることがわかった。この結果はハーヴィの仮説と一致し、ガレノスの仮説の誤りを立証するものだった。すぐれた決定的実験とは、論理に曖昧《あいまい》なところがないだけでなく、かんたんにできて、しかも何度やっても同じ結果が明快に出なければならない。

24 EXERCITATIONES,

res *Harveio* non minùs curioſi id fecerunt: Audi *Veſalium* qui aliàs *Galeno* non ſolet favere, quoties vel minimam habet reprehendendi occaſionem; Sic itaque ait, *capite ultimo ſuæ Anatomes: Vt certiores ſiamus pulſandi vim non arteriæ ineſſe, aut contentam in arterijs materiam pulſuum opificem exiſtere, verùm à corde eam virtutem pendere, præterquam quòd arteriam vinculo interceptam non ampliùs ſub vinculo pulſare cernimus, licebit inguinis, femoriſve arteriæ longam ſectionem inducere, & canaliculum ex arundine tam craſſum aſſumere, quanta eſt arteriæ capacitas, & illum ita ſectioni indere, ut ſuperior canalis pars altiùs in arteriæ cavitatem pertingat, quàm ſectionis ſuperior ſedes, & ita inferior quoque canalis pars deorſum magis ipſa inferiori ſectionis parte protrudatur, ac dein vinculum arteriæ circumdetur, quod ipſius corpus ſuper canalem ſtringat. Quum enim id fit, ſanguis quidem & ſpiritus per arteriam ad pedem uſque excurrit, verùm tota arteriæ pars canali ſubdita non ampliùs pulſat, ſoluto autem vinculo arteriæ pars canali ſubdita non minùs quàm ſuperior pulſat.* Non fecit id *Harveius*, ſed *Galenus* & *Veſalius* fecerunt, quibus magis credendum. Sed fieri non poſſe putas ob ſanguinis impetum. Accipe igitur à nobis adminiſtrationem anatomicam, arteriam liga inter F A, & G C, acuto ſcalpello ſectionem facito in B, nullus ſanguis profluet, niſi qui conſiſtit intra vincula, tum canalem D E indito, ut docet *Veſalius*. Liga iterum arteriam ſuper canali in F & in G, tunc ſolve priora vincula quæ arteriam ſtringebant inter *A F*, [& *G C*, ſanguis liberrimè per canalem profluet ad extremas uſque arterias, nec

1631年にプリムローズが出版した『心臓の動きと血液の循環に関する彼《か》の著作に関する研究と観察』。ハーヴィの理論に対する反証として、ガレノスやヴェサリウスの動脈管実験を引用した。この図では、動脈ACに切れ目を入れ、そこへ、両端が十分にひろがるように管EDを挿入している。

第五章　晩年のハーヴィと彼が遺したもの

一六四九年まで、医師としてのハーヴィの活動は、チャールズ一世のイングランドをのみこんだ政争と軍事抗争に翻弄《ほんろう》されつづけた。イギリス革命と大内乱は国を引き裂き、多くの学者が国を去るか、のこって敵味方に分かれるかの決断を迫られた。長く閉鎖されていた大学はようやく再開したが、政策が気まぐれに変わるたび教授陣も変わり、まともな授業にならなかった。国王が処刑されても平穏は訪れず、議会派内部でも議会派と軍隊のあいだでも支配権をめぐる争いがつづいていた。

そうした混乱のなか、科学の議論は一歩先にすすもうとしていた。自然の秘密を探る手段に実験を用いるようになったことが一種の中立地帯をつくりだし、多様な政治的、宗教的信念をもつ学者が一堂に会することができるようになったようだった。科学者たちは、一六四〇年代にオックスフォードに集《つど》ったように、誰からともなくロンドンのグレシャム・カレッジに集まるようになった。その多くは医師で、王立内科医師会の会員でもあったため、内科医師会も新しい科学を議論する重要な場所になった。

ホワイトホール宮殿の居室《きょしつ》が略奪にあったり研究資料のほとんどが破壊されたりと、王党派として数かずの屈辱を受けたハーヴィだったが、この集まりに参加することや、さまざまな政治的、宗教的信条をもつ学者たちといままでどおりにつき合うことは禁じられなかった。ハーヴィは、国際的な名声を得た解剖学者として、イングランドの医学エリートや科学エリートからますます重んじられる存在になっていた。彼らの大部分は、もうハーヴィの発見を疑っていなかった。ハーヴィは、新科学時代のイングランドの成功のシンボルになった。聖バーソロミュー病院にはもう戻らなかったが、心血を注いだ王立内科医師会ではちょっとした長老格になった。

一六五一年には、図書博物館を建てるための多額の寄付を医師会会長に申し入れた。医師会はこれを快諾し、ハーヴィはさっそく計画を実行に移した。工事は一六五四年に終わり、完成を祝《しゅく》して、ハーヴィはできたばかりの建物とその所蔵物すべての権利を医師会に譲渡する証書に署名した。その場でハーヴィの胸像の除幕式がおこなわれ、それまでの彼の功績とその寛大さが讃《たた》えられた。

ハーヴィは医師会の会長に選出されたが、すでに高齢で健康にも不安があり、就任は辞退した。このとき彼は七六歳で、当時のジェントリー階級の老人に多く見られた痛風——関節が痛む病気──に悩まされていた。さらに腎臓結石も患《わずら》っていたという説もある。一六五六年には、長年にわたり研究生活の中心だったラムリー講座講師もとうとう辞めた。医師会の後援者を讃えるために、ケント州にある一家の地所も王立内科医師会に寄贈した。このときは、そこからあがる地代で図書館の管理人を雇い、恒例の会員むけのラテン語弁論と晩餐会《ばんさん》の費用を出すことと条件をつけた。

晩年の数年間、ハーヴィは、ロンドンやその近郊にある弟たち──エリアブとダニエル──の地所を転々としてすごした。博物学者や医師たちと手紙のやりとりはつづけていたが、最後の何通かには、疲れきった様子がはっきり見える。そうとうに具合を悪くしていたのはまちがいなく、致死量の阿片《あへん》を用意し、自分が頼んだら投与してくれと友人のチャールズ・スカーバラに頼んでいたという記録もある。だが、みずから幕を引こうとするより先に、心臓発作がハーヴィの命を奪った。

イングランドの名士の逸話集を書いたジョン・オーブリーによれば、一六五七年の六月三日の朝、目を覚ましたハーヴィは「舌の麻痺」を感じ、薬剤師を呼び、舌の放血をしてもらったという。これはガレノス派でよくやる方法で、患部にたまった余分な血液を抜いて血管のつまりを解消し、機能を回復させるのである。だが効果はほとんどなく、その日のうちに逝《い》ってしまった。七九歳だった。彼の遺体はロンドンのエリアブの家に移されて安置された。エリアブ

1656年6月21日付けの証書。ハーヴィが父から相続したケント州バーマーシュの不動産の所有権を内科医師会に譲渡すると記されている。そこから上がる地代で、医師会で毎年開催される弁論大会と晩餐会の費用と、司書の給料をまかなった。

がエセックスのヘムステッド教会に家族礼拝堂をもっていたため、六月二六日にハーヴィの遺体は虫よけの鉛シートに包《くる》まれてそこへ移され、エリアブの娘たちの遺体の隣に横たえられた。

死に際し、ハーヴィは彼を囲む大家族の皆に寛大だった。使っていたさまざまな家具調度品は、甥《おい》や姪《めい》、その子どもたち、彼らの召使いたちに分け与えた。妹エイミーの息子、ウィル・フォークスは知的障害児だったため、この子の面倒がずっとみられるように特別な条項もつけ加えた。ハーヴィの家族は強い絆で結ばれ、ハーヴィ兄弟と父親が協力してウィルの養育費を出していた。子がおらず裕福なハーヴィは、とりわけ多く甥っ子の養育費を出していたようで、一六三七年にはすでに、幼いウィルをハーヴィの「精神病を病む被保護者」であるとした裁判記録がある。

高価な銀の手術器具と愛用したビロードのガウンは、彼のあとを継いでラムリー講座講師を務めた友人、チャールズ・スカーバラに贈ると遺言した。蔵書、論文、いちばん良いペルシア絨毯《じゅうたん》は、内科医師会に贈った。のこりの財産と、大切にしていたコーヒー・ポットは、弟のエリアブに贈った。一七世紀のイングランドではまだコーヒーはめずらしく、コーヒーを好んで飲んでいたハーヴィは、時代の最先端を行っていたわけである。ロンドン初のコーヒーハウスが開店するより先に、ハーヴィとエリアブはこのポットでコーヒーを淹《い》れ、時がたつのも忘れて楽しく語り合った。

ハーヴィの死後も、一七世紀後半にイングランドで具体的なかたちをとりはじめた新しい科学研究の中心地として、内科医師会は主導的な役割をはたしつづけた。生前のハーヴィに多くを学んだ新世代の解剖学者たちは、さまざまな器官をつぶさに調べ、人体の働きと病気が人体に影響をおよぼす仕組みを定義し直そうという動きがヨーロッパ全体で起きたときにその一翼《いちよく》をになった。ラルフ・バサースト、トマス・ウィリス、ロバート・ボイル、ロバート・フック、リチャード・ロウワーらハーヴィの後継者たちは、ガレノスの心肺生理学を最後の一片まで捨て去り、心臓は血液を肺と全身に機械的に循環させるのだという、ハーヴィの説を受けいれた。

ロンドンでは、一六六五年にペストの大流行があり、多くの市民が犠牲になったことで、新しい科学の時代の熱気も一時下火になった。一六六六年には、ロンドン大火で街が焼かれ、王立内科医師会もハーヴィの図書博物館も焼けてしまった。だが、ハーヴィが遺《のこ》したもっとも大切なもの——彼の理論と、彼という手本がいた事実——が傷つくことはない。世界は、新しい生物機能モデルの基礎として彼の理論を受けいれた。

チャールズ・スカーバラ。ハーヴィの親友で、彼のあとにラムリー講座講師を務めた。王党派が敗北し、オックスフォードが議会軍の手に落ちたあとにロンドンに戻ったハーヴィは、スカーバラもロンドンへ誘い、医師として開業できるように手助けする約束をした。

ハーヴィは世界中で称えられ、多くの記念切手がつくられている。これは1957年に彼の没後300年を記念してソビエト連邦（当時）でつくられたもの。

ハーヴィの発見と古代からの脱却

ハーヴィは、彼が血液循環を発見したことによって、人体とその各部の働きを説明するそれまでの理論の書き換えが必要になったことをよくわかっていた。彼は、ヨーロッパ各地の大学でその初めから教え継がれてきたガレノスの古代生理学体系に致命傷を負わせたが、それに代わる体系を示していなかった。

たしかに、『動物の心臓と血液の動きに関する解剖学的研究』の最後で、循環説では、毒、薬、病気が身体に影響をおよぼす仕組みを新たに考える必要があると述べて、将来の研究の方向性を示してはいる。しかし多くの点で、ハーヴィもやはりルネッサンスの自然哲学者であり、彼の研究によって必要になった改訂に結びつかない思想や物の見方にとらわれていた。

しかし、新世代の医学生たちは、アリストテレスやガレノスの教えだけでなく、一七世紀半ばの数十年に生みだされ議論された新しい自然哲学にも触れていた。ガレノスの四体液説を否定し、人体を化学実験室のようなものだと表現した医師パラケルススを師とするパラケルスス派の医師たちの化学理論は、イングランドの知識人のあいだでも認められつつあった。あるいはさらに重要なことは、現実世界の万物は数学法則と物理法則に支配されるというデカルトの「機械」論も目立つようになっていたことである。

実際には、学生たちは、いろいろな哲学者の考えを寄せ集めて、機械論的パラケルスス化学理論をつくり出していた。この新理論では、あらゆる変化は基本的に化学変化だが、その変化をひき起こすのは精気ではなく、微粒子と呼ばれるひじょうに小さな物体の力学的な衝突、結合、分解、再結合である。この考えは、一七世紀後半のイングランドでとくに重視され、ハーヴィの後継者たちの人体機能の考え方に大きな影響を与えた。

粒子哲学では、あらゆる物質、たとえば血液は、微粒子（小物体）や分子（小質量）でできている。これらの粒子がたがいに結びついて、目に見える物事の性質や機能を説明する目に見えない構造をつくる。アリストテレスの四原因説より先まで調べられ、動植物の器官の細かな構造、内部の液体、固い部分の研究に役立つこのような理論を手にしたことで、ハーヴィ以降の科学者たちは、ガレノス生理学に代わる体系をつくり出し、現代につながる人体の微小構造や微小機能の研究へ舵《かじ》をきることができた。

ハーヴィの発見から生まれ、一七世紀後半にもっとも注目を集めた問題は、呼吸の性質と目的だった。ハーヴィの研究は、血液の性質、空気の組成、肺の役割といった研究に拍車をかけた。これらの研究を推しすすめた結果、生理学は物理学や化学と密接なかかわりをもつようになり、現代医学の基礎を築くことになった。

一六四六年六月に町が議会派に降伏するまでハーヴィが数年をすごしたオックスフォード大学は、新しい生理学研究の中心地になった。ハーヴィは、オックスフォードで多くの若い医学者とともに研究し、影響を与えた。彼らの多くが、ハーヴィの死後、彼に代わって研究をリードしていった。

エピローグ　新しい世代へ

　王党派が降伏して大内乱が終わったのち、オックスフォード大学は再開され、新しい世代の医学者たちは、ハーヴィの循環の発見から新たに生まれた解剖学の問題に目をむけるようになった。ハーヴィの研究から新たに生まれた疑問はじつに興味深く、研究者たちは、呼吸したり栄養をとったりする際に心臓、血液、肺がはたす役割をつきとめる実験方法を新たに編みだし、化学物質の移動と反応という観点からそれらの役割を説明した。それから数十年のあいだに、さまざまな注射や輸血の実験がおこなわれ、呼吸と循環の仕組みや血液が健康を左右する仕組みが明らかになっていった。これらの実験は、オックスフォード大学や、実験科学の推進のために一六六〇年に設立されたロンドン王立協会でおこなわれた。イングランド以外でも同じ研究をした者はおり、あるドイツ人医学著述家は、注射が治療手段になると主張していた。ただしイングランドでは、それらの処置は明らかにハーヴィの発見からはじまった研究で生まれたものだった。

動物の血液を個体から個体に注射することを初めて試みたのは、フランシス・ポターである。ポターが使った注射器は、用意した膀胱に、何本もの象牙の管と中空の羽軸《うじく》をとりつけてつくった原始的なものだった。一六五六年には、医学者のロバート・ボイルやクリストファー・レンらが、イヌの足に阿片《あへん》を注射する実験をした。イヌはしばらく麻酔にかかったようになった。のちに数学者として、またロンドンのセント・ポール大聖堂を建てた建築家として有名になるレンは、熱心な生理学者だった。彼がこの注射実験を発展させてワインやビールも試してみたところ、イヌは酔っぱらって失禁した。酔っぱらった人間そっくりだった。

一六五七年、レンは同僚のティモシー・クラークとともに、ある有害な金属化合物（当時は嘔吐をひき起こす薬として使われていた）をフランス大使の召使いに——おそらく否応なく——注射する実験をした。あっという間に召使いは昏倒《こんとう》し、ふたりはあわてて実験をやめ、やはり動物で実験することにした。一六六〇年代の初頭には、オックスフォードの医師トマス・ウィリスと生理学者リチャード・ロウワーが、インクや牛乳など色のついた物質を死んだばかりの動物に注射して、脳と肝臓の血液の流れを調べる研究をはじめた。ロウワーは、動脈に牛乳を注射したら静脈の血液が白くなるかどうか調べてみたところ、静脈の血液はやはり白くなった。このころにはもう循環説を疑う者もなかったが、血液が動脈から静脈に流れることを証明するという点では、これも見事な実験だった。

若い実験生理学者たちは、この注射や輸血の技術を発展させれば、動物やさらには人間にも使える人工的な栄養補給法や蘇生《そせい》術を生みだせるかもしれないと考えた。そうなれば、治療や延命の点でも、新たな可能性がひらけてくる。一六六四年、ロウワーは、あたためた牛乳をイヌに静脈注射する実験をしたが、イヌは一時間もしないうちに死んでしまった。彼は、輸血手順を細部まできちんと詰めれば、怪我や手術で失血した患者の代用血液としてヒツジの血液が使えるかもしれないと考えた。一六六六年、ロウワーは、動脈の血圧が静脈より高いことを利用して動脈から静脈へ血液を移すことにより、ついに輸血を成功させた。患者ももちろん無事だった。

血液の役割を明らかにするには、肺の働きについても考えないといけない。ハーヴィは、呼吸によって空気中から何かをとりこんで血液に活力を与えているわけではないと主張し、肺はおもに、血液を冷却し、機械的に濾過《ろか》して均一にする役割をはたしていると考えていた。しかし、のちの研究者の多くは、呼吸は生きるために不可欠な何らかの物質を供給する働きをし、ひょっとしたら血液から不要な汚気をとりのぞく役割もはたしている可能性もあると考えた。一六六七年に、実験科学者ロバート・ボイルが、ひとつの決定的実験を考案した。この実験により、肺は主として機械的に働くのか、それとも血液と空気を化学的に混ぜ合わせる働きをするのかという議論に決着がついた。この実験のあと、肺の働きと空気の役割を明らかにする実験が立てつづけにおこなわれた。このように速いペースで実験が考案され実行されるのが、一七世紀後半のイングランドの科学の特徴だった。そうしてハーヴィの発見もたしかなものになっていった。

同じ年、ロバート・ボイルのアシスタントだったロバート・フックが、王立協会でリチャード・ロウワーと共同でボイルの実験をおこなった。まず、生きたイヌの体を切開し、気管にふいごをつなぎ、肺を機械的にふくらませたりちぢませたりできるようにした。肺をふくらますのをやめると、イヌは痙攣《けいれん》を起こした。ふたたび肺をふくらますと、痙攣はおさまった。それから、自分で考案した新実験をした。イヌにふいごをふたつつけ、一方が開くともう一方が閉じるようにして、空気が絶えず肺に送られるようにしたのだ。左右両方の肺の下端に穴をあけ、そこから空気が外に出るようにした。この状態で肺に空気を送りつづけたところ、肺は拡張も収縮もしなかったが、それにもかかわらず心臓は正常に鼓動しつづけた。つまり、呼吸に必要なのは、肺が動くことではなくて、空気の供給がおこなわれることだったのだ。この実験をもとに、一六六八年に、フックは、イヌを空気袋に入れ、同じ空気をくりかえし呼吸させる実験を考案した。いよいよ死にそうになったときに空気袋から出してやると、イヌはまた元気になった。こうしてフックは、呼吸には新鮮な空気が必要であることを証明した。

ハーヴィがはじめた心臓と血液の動きと目的の研究を事実上完成させたのは、オックスフォードが生んだ最高の解剖学者とも称されるリチャード・ロウワーである。一六六七年の秋から、ロウワーは、それまでの生理学実験で得られた知見を検証する生理学的実験を立てつづけにおこない、そのすべてを矛盾のないひとつの解釈のもとにまとめた。そして、一六六九年に『心臓論』を出版し、実験の成果を発表した。この本は、みずからの手による研究にもとづくだけでなく、実験と観察による証拠を積みかさねて証明をおこない、原因について曖昧《あいまい》に推測することも極力避けているから、ハーヴィが読んだとしてもまず文句はなかっただろう。ロウワーは、有名なハーヴィの定量計算も改良し、論拠をさらに精密にしている。しかし、ロウワーの『心臓論』は、ハーヴィの革命からのちに観察や実験によって明らかになった多くの発見を説明する新理論誕生の流れに幕をひいたわけではない。やがて大気の組成や動物の代謝における熱の役割について新たな概念が生まれ、呼吸への理解はさらに深まっていく。だが、すべては、ハーヴィが循環現象を発見し、丹念な実験の数かずを用いてそれを立証したことからはじまったのだ。ウィリアム・ハーヴィが、現代科学の礎《いしずえ》を築いた偉人のひとりに数えられるのは、つまりそういう理由である。

謝辞

ウィスコンシン大学の学部生だったころの私に医学史の扉を開いてくださった、ギュンター・B・リッセ教授に感謝を捧げます。教授の好奇心、博識、医学史教育に傾ける情熱は、私にとってつねに大きな刺激でありました。

年 譜

1578 4月1日、イングランド、ケント州フォークストンに生まれる。

1597 夏、ケンブリッジ大学より文学士号を授与される。

1599 秋、イタリアのパドヴァ大学に留学する。

1602 4月25日、パドヴァ大学より医学博士号を授与される。

1604 エリザベス・ブラウンと結婚する。

1607 ロンドン王立内科医師会に入会する。

1609 ロンドンの聖バーソロミュー病院に内科医として採用される。

1615 8月、王立内科医師会にてラムリー講座講師に就任する。最初の講義は1616年4月16日。

1618 2月3日、ジェームズ1世の臨時医として採用される。

1628 『動物の心臓と血液の動きに関する解剖学的研究』を出版する。

1639 チャールズ1世の主席医に昇進する。

1649 『血液の循環に関するふたつの解剖学的研究』を出版する。チャールズ1世が処刑される。

1651 『動物発生論』を出版する。

1654　王立内科医師会の会長に選出されるが、就任は辞退する。

1656　ラムリー講座講師の職を辞する。相続した地所を王立内科医師会に寄贈し、引退する。

1657　6月3日、心臓発作により死去。享年79。

1660　実験哲学者が集結し、王立協会を設立する。

1669　リチャード・ロウワーの『心臓論』により、ハーヴィの『動物の心臓と血液の動きに関する解剖学的研究』からはじまった研究が完成する。

索引

ア行

カ行

サ行

タ行

ナ行

ハ行

マ行

ヤ行

ラ行

ワ行

図版クレジット

British Library, Italian Manuscripts: 27; Guildhall Library, London: 19,34; Heritage Room Folkestone Library & Museum: 13; Huntington Library: 97; Laserwords: 46, 51, 57, 60; Library of Congress: 16 (LF128.L7), 36 (LC-USZ62-83233), 75 (LC-D416-128), 79 (LF528.L7), 80 (LC-USZ62-77770); Metropolitan Museum of Art (Bredius 478): 23; Moody Medical: 127; National Library of Medicine: Cover (Background) (B029256), Cover (Inset) (B02925), Frontispiece (B029254), 25 (A1629), 29 (A012640), 31 (A026925), 44 (A012195), 63 (A012719), 70 (MS A 44.I, fol. 1b), 83 (A012109), 103 (A016203), 104 (B014976), 108 (B05094), 111 (B011782); New York Academy of Medicine: 42, 53, 55, 56, 114; Royal College of Medicine: 34, 40, 76, 85, 93 Permission from British Library, 123, 125; St. Bartholomew's Hospital: 72; Wellcome Library: 88; Yale Medical Historical Library: 66; Zentralbibliothek Zurich: 21

訳 者

梨本 治男（なしもと はるお）

1971年生まれ。東京理科大学理学部卒業。現在、おもに特許分野の翻訳にたずさわる技術翻訳者、神奈川大学理学部非常勤講師。訳書に、ダン・クーパー『エンリコ・フェルミ』（「オックスフォード 科学の肖像」シリーズ、大月書店）。

オックスフォード　科学の肖像

ウィリアム・ハーヴィ

2008年9月22日　第1刷発行

定価はカバーに表示してあります

訳　者© 梨 本 治 男

発行者　中 川 　進

〒113-0033　東京都文京区本郷2-11-9

発行所　株式会社　大 月 書 店

印刷　太平印刷社

製本　中 條 製 本

電話（代表）03-3813-4651　FAX 03-3813-4656／振替 00130-7-16387

http://www.otsukishoten.com/

ISBN 978-4-272-44050-4　C0340

OXFORD PORTRAITS IN SCIENCE

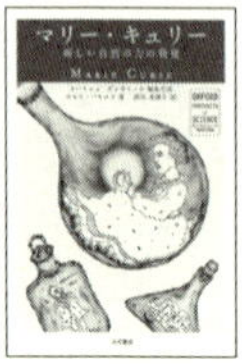

第五回配本

マリー・キュリー　新しい自然の力の発見

ナオミ・パサコフ　　西田 美緒子 訳

168頁・本体1,800円

夫ピエールとともにノーベル賞受賞。夫と死別後巻き起こったスキャンダル報道とバッシング。世界初二度目のノーベル賞受賞。新資料をもとに、アインシュタインやラザフォードなどの科学者との交流、歴史的背景にもふれながら、わかりやすく伝える新しい評伝。

第六回配本

マイケル・ファラデー　科学をすべての人に

コリン・A・ラッセル　　須田 康子 訳

168頁・本体1,800円

1804年、13歳で書店兼製本屋の徒弟となり、そこで出会った本をきっかけに科学の道を志す。電気と磁気の科学の開拓者として数々の発見とともに、いまも読みつがれるクリスマス講演などを立ち上げ、市民や子ども向け科学講演の基礎をつくった最大の実験科学者。

第七回配本

フロイト　無意識の世界への探検

マーガレット・マッケンハウプト　　林 大 訳

216頁・本体2,100円

人類の自己愛に打撃を与えるがゆえに激しい批判を浴びた革命的理論――地動説と進化論につづく三つ目として自らの精神分析理論を挙げたフロイト。現在も幅広い分野に影響力を持つと同時に、絶え間ない批判を浴びるフロイトの業績と生涯を知る最適の入門書。

第八回配本

メンデル　遺伝の秘密を探して

エドワード・イーデルソン　　西田 美緒子 訳

160頁・本体1,800円

修道院で植物の交配実験を行い「メンデルの法則」を導き出したメンデル。遺伝学の基礎をなすその原理は、生前に評価されることはなかった。修道院長として生涯を終えた16年後に再発見され、最先端となった業績を現在との関わりに触れながらいきいきと伝える。

第九回配本

パヴロフ　脳と行動を解き明かす鍵

ダニエル・P・トーデス　　近藤 隆文 訳

168頁・本体1,800円

1904年ノーベル生理学・医学賞を受賞した最初の生理学者にして最初のロシア人パヴロフ。「条件反射」、「パヴロフの犬」という言葉で知られるパヴロフの業績をわかりやすく伝え、その生涯をロシア革命前後の社会状況や政府との関係とともに描く新しい評伝。

OXFORD PORTRAITS IN SCIENCE

●書評・受賞（一部抜粋）

『ガリレオ・ガリレイ』
ニューヨーク公共図書館「1998年 10代のための本」選定
「おとなにとっても、簡潔にまとまっていて気軽に読める本。もってまわった書き方にわずらわされることもなく、わかりやすい記述で、読む楽しみを味わえる。」
——*Planetaria*

『ニュートン』
ニューヨーク公共図書館「1998年 10代のための本」選定
Science Books and Films「1997年 中学・高校のための最良の本」選定
「若い読者むけのよくできた伝記というだけにとどまらない、最良の科学本のひとつ。」——*School Library Journal*

『ケプラー』
Science Books and Films「エディターズ・チョイス」選定
「本物の専門知識と業績をきちんと紹介しているすばらしい本。またその記述、紹介の仕方も称賛に値するものである。多くの図版も収録され……科学史研究者にとってもおおいに価値あるものとなっている。」——*Journal for the History of Astronomy*

シリーズ既刊
『ダーウィン　世界を揺るがした進化の革命』
『アインシュタイン　時間と空間の新しい扉へ』
『ガリレオ・ガリレイ　宗教と科学のはざまで』
『エンリコ・フェルミ　原子のエネルギーを解き放つ』
『マリー・キュリー　新しい自然の力の発見』
『マイケル・ファラデー　科学をすべての人に』
『フロイト　無意識の世界への探検』
『メンデル　遺伝の秘密を探して』
『パヴロフ　脳と行動を解き明かす鍵』
『ウィリアム・ハーヴィ　血液はからだを循環する』

続刊（年6冊刊行予定）
『コペルニクス』、『マーガレット・ミード』『エジソン』、『チャールズ・バベッジ』、
『ラザフォード』、『ニュートン』、『パスツール』、『ベル』、『ケプラー』、
『ライナス・ポーリング』、『クリックとワトソン』

OXFORD PORTRAITS IN SCIENCE

OXFORD PORTRAITS IN SCIENCE

10 代からおとなまで、読む楽しみを味わえる伝記シリーズ

オックスフォード　科学の肖像

編集代表 オーウェン・ギンガリッチ（ハーヴァード大学教授）

科学者たちの画期的な業績、その思考の過程、
魅力あふれる人物像とその生涯を
コンパクトにまとめた明快な入門書。
当時の社会状況や、影響を受けた先駆者たちの思想、
現代へのかかわりにも触れる。
大きな歴史の流れのなかで科学の革命をおこした
科学者たちの生きた物語。

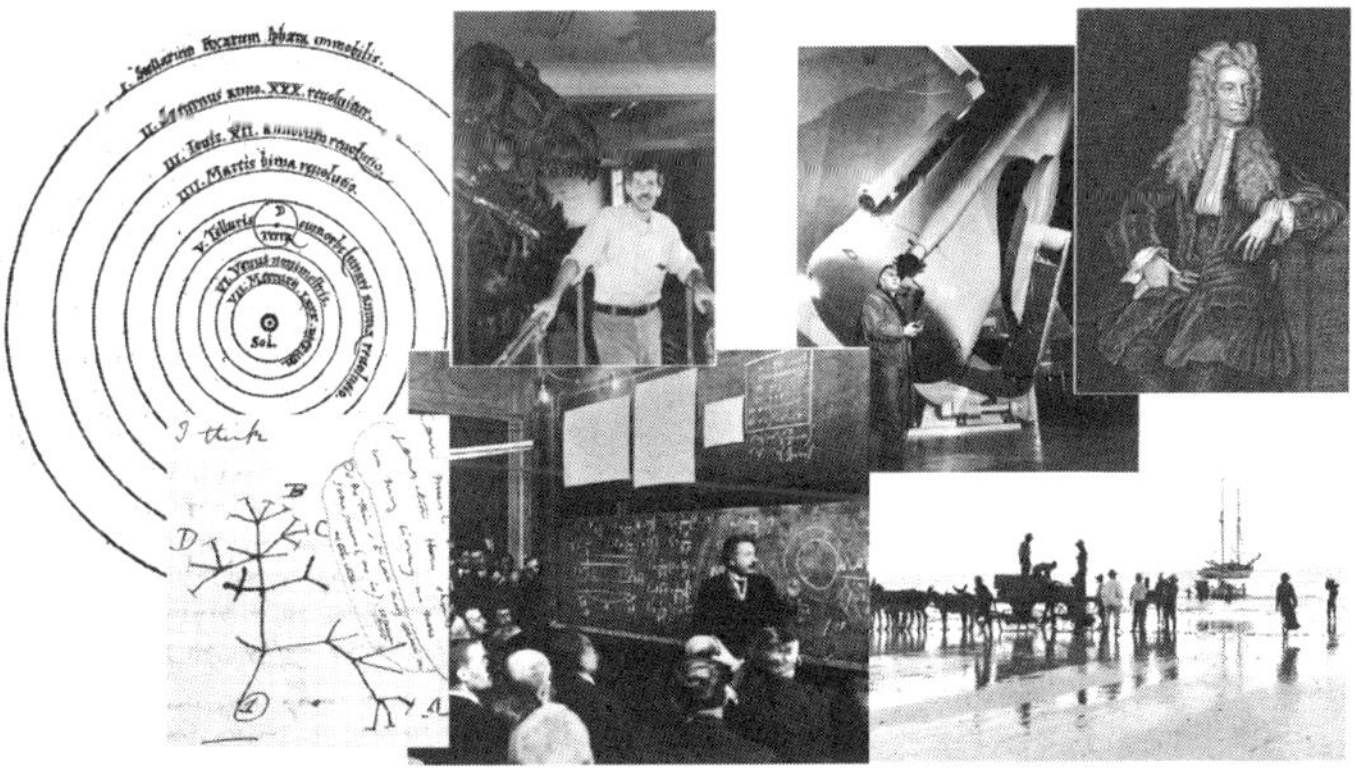

OXFORD PORTRAITS IN SCIENCE